Andrea Schwarz

Mit Leidenschaft und Gelassenheit

Herder
Hamburg · Basel · Wien

Herstellung: Clausen & Bosse, Leck
Gedruckt auf umweltfreundlichem,
chlorfrei gebleichtem Papier
ISBN 3-451-23483-1

Inhalt

Ich kreise um Gott, um den uralten Turm,
und ich kreise jahrtausendelang;
und ich weiß noch nicht: bin ich ein Falke, ein Sturm
oder ein großer Gesang.

Rainer Maria Rilke

Manche Menschen wollen Gott mit den Augen ansehen, mit denen sie eine Kuh ansehen, und wollen Gott so lieben, wie sie eine Kuh lieben. Die liebst du wegen der Milch und wegen des Käses und überhaupt wegen deines eigenen Nutzens. Ebenso tun es all die Menschen, die Gott um äußeren Reichtums oder inneren Trostes willen lieben. Die aber lieben Gott nicht recht, denn sie lieben in Wahrheit nicht Gott, sondern ihren eigenen Nutzen.

Meister Eckhart

Für Peter, der mich an die Gelassenheit erinnert,
Rudolf, der die Leidenschaftlichkeit wachhält,
und Michael und Christiane, die mir dabei helfen,
all dies in meinem Alltag auch zu leben

Kirche ist mehr...

Ich liebe diese Kirche, und ich leide an ihr. Da ist Zorn und Zärtlichkeit, aber auch Leidenschaft und Gelassenheit – und all diese Gefühle sagen mir, daß mir diese Kirche nicht gleichgültig ist, daß ich nicht von ihr lassen kann – und auch gar nicht lassen mag.

Die Frage aber, bleibe ich in dieser Kirche oder verlasse ich sie, ist heute keine Frage nur von Frauen, es ist die Frage jedes Christen, sei er Mann, sei sie Frau, sei es Priester, sei es Laie.

Zugegeben – es mag ein ganz eigenes Leiden von Frauen an dieser Kirche geben – für mich aber ist dies derzeit kein Thema. Es mag ein wichtiges Thema sein, es mag sein, daß es irgendwann auch einmal wieder mein Thema sein wird, aber im Moment habe ich mich entschieden, meine Kraft und Energien dafür einzusetzen, Frau in dieser Kirche zu *sein*, ohne wenn und aber. Ich *bin* Frau in dieser Kirche. Darüber will ich nicht länger diskutieren, sondern mein Frau-Sein leben und damit für andere erlebbar machen, in aller Selbstverständlichkeit, ohne mich dauernd zu legitimieren oder zu definieren. Ich bin das Klagen und Jammern leid, einfach weil es ein Kirchenverständnis ausdrückt, das ich heute so nicht mehr habe, weil ich anderen damit Macht über mich einräume, die ich ihnen nicht länger geben möchte.

Deshalb hat die Gelassenheit Einzug in mein Leben gehalten – und die Leidenschaft lebe ich dort, wo Kirche ihren eigentlichen Zweck, ihre eigentliche Aufgabe wahrnimmt: Menschen zu ihrem Mensch-Sein zu befreien, indem sie von Gott erzählt und Räume schafft, diesem Gott zu »begegnen«. Hier bin ich leidenschaftlich: Kirche als

»Raum«, in dem Leben werden kann, Leben miteinander geteilt wird, Mensch-werdung deshalb möglich ist, weil es einen Gott gibt.

Kirche bietet mir einen solchen »Raum« – oder, vielleicht richtiger, »Räume«. Und es braucht solche »Räume«, damit Erfahrungen werden und geschehen können.

Kirche bietet mir Raum – das ist zunächst einmal durchaus wortwörtlich zu verstehen. Ich brauche Orte, Häuser, Kirchengebäude, in denen sich etwas von dem Geist sammelt, der lebendig macht. Ich brauche Kirchen als heilige Orte, in denen ich beten kann, als Möglichkeit, existentielle Erfahrungen zu machen, Räume, die geisterfüllt sind. Manche Erfahrungen, die ich in einer Kirche mit diesem Gott gemacht habe, wären an anderen Orten so nicht möglich gewesen, davon bin ich überzeugt.

Sicher: nicht jede Kirche und nicht jederzeit. Manche Barockkirchen kann ich als Kunstwerke anstaunen – aber beten kann ich dort nicht. Manchmal sind es Dorfkirchen, klein, alt und unscheinbar, in denen ich etwas von diesem Geist spüre. Zu einer anderen Zeit brauche ich wiederum gerade die beeindruckende Größe einer Kathedrale, eines Münsters, um meiner Beziehung zu diesem Gott Ausdruck verleihen zu können. Ich denke an einen Meditationsraum, an eine Kapelle in einem Tagungshaus, an eine Krypta, aber auch an einen Pfarrgarten, ein Pfarrhaus. Das sind Orte, an denen ich durchatmen, mich von diesem Geist Gottes berühren lassen kann – es sind Orte, die mir Heimat sind. Und oft spüre ich, wenn ich einen solchen Raum, sei es eine Kirche, sei es ein Haus oder auch nur ein Zimmer, zum erstenmal betrete: Ja, hier sind Erfahrungen und Begegnungen möglich!

Kirche bietet mir Raum – das gilt für mich auch für den »liturgischen Raum«. In der Liturgie erlebe ich ein Menschheitswissen, eine Menschheitserfahrung, so absolut dicht und konzentriert, daß ich von ihr nicht lassen will. Manches davon hab ich erst mühsam verstehen gelernt, aber das Herz hat es schon vorher angesprochen, bevor es irgend jemand erklärte. Auf diese liturgischen Formen will ich nicht verzichten, sie sind mir Brot und Wein, Kraft für den Weg. Mir tut die Vertrautheit einer Eucharistiefeier einfach gut – ohne daß ich mich daran »gewöhnen« will, ich freue mich an einem Wortgottesdienst, der von Frauen geleitet wird, in dem andere Formen der Begegnung möglich sind. Zu den Kar- und Ostertagen gehört für mich die Ostervesper in ihrer klassischen Form mit dazu, und ich kann mich an gregorianischem Gesang genauso erfreuen wie an einem guten Sacro-Pop-Musical. Gelegentlich predige ich gerne – und höre genauso gern einem guten Prediger oder einer guten Predigerin zu, lasse mich überraschen von dem Blickwinkel, den andere auf das Leben und die Bibel haben. Auch hier: Raum und Heimat, die mir geschenkt werden, die ich mir aber zugleich auch aktiv »aneignen« muß. Eine Eucharistiefeier als »Ein-Mann-Show« wird mich unbefriedigt lassen, Liturgie, nur einfach konsumiert, stillt meinen Hunger nicht. Ich bin gefragt, mich hineingebend, mich öffnend, damit »geschehen kann«. Ich muß und kann es nicht machen, ich brauche nur zu »sein«.

Darüber hinaus ist Kirche für mich »Raum der Begegnung«. Hier kann ich Erfahrungen mit Menschen machen, durch die ich mich selbst finden kann. In dieser Kirche treffe ich immer wieder auf verblüffend originelle Menschen, Menschen, die das Leben suchen, die lebendig sind. Viele gute Freundschaften sind daraus entstanden und bilden ein Netz, das trägt. Es sind spirituelle Menschen, die den Grund des Lebens suchen, die sich auf Tod und Dunkel einlassen können, die Suchende sind und bleiben, die auf ihrem Weg sind. Manchmal gelingt es gar nicht, all diese Beziehungen in einer solchen Intensität aufrechtzuerhalten, aber wir wissen umeinander – und das ist viel. Es erzeugt eine Solidarität zwischen denen, die auf dem Weg sind, eine geschwisterliche Gemeinschaft, die zugleich von denen abgrenzt, die meinen, bereits angekommen zu sein.

In diesem Sinne schafft mir Kirche einen »Raum«, in dem ich etwas von diesem Geheimnis des Lebens erspüren kann, der Möglichkeiten schafft, mir selbst, anderen und diesem Gott zu »begegnen«.

Zugegeben – das ist ein anderes Kirchenverständnis, als ich es selbst über lange Jahre hinweg hatte.

Auf meinem Weg in und mit dieser Kirche war ich lange Zeit hierarchisch fixiert. Irgendwie war es ein bißchen wichtiger, wenn ein Priester etwas sagte, wenn der Bischof einen neuen Hirtenbrief herausgab, wenn der Papst eine Enzyklika veröffentlichte. Das waren aber auch oft Anlässe zum Zorn, zur Wut. Das paßte manchmal so wenig mit meinem Bild von diesem Glauben zusammen, mit dieser befreienden Botschaft zum Leben. Und die, die das sagten, waren mächtig für mich – und ich fühlte mich ohnmächtig.

Sie waren mächtig für mich, weil ich ihnen die Macht gegeben habe, eine Macht durch ihre Funktion, ihr Amt, und nicht qua Autorität und durch überzeugende Argumente.

Davon habe ich mich inzwischen verabschiedet. Ich bin nicht mehr bereit, das leidende Schaf zu sein, wenn manche Hirten ihrer Aufgabe nicht gewachsen sind. Ich bin nicht mehr bereit, die Stimme meines Gewissens außer Kraft zu setzen, weil jemand mit Amt und Funktion meint, ich hätte dieses und jenes zu glauben oder zu tun. Ich habe die Verantwortung für meinen Glauben selbst übernommen, delegiere ihn nicht mehr an irgendwelche Fachleute, und versuche dabei, Menschen, Brüder und Schwestern, zu finden, die mich auf meinem Weg zu diesem Gott kritisch, solidarisch, suchend begleiten. Das ist für mich ein wichtiges Kriterium geworden – mich begleiten und durchaus auch korrigieren zu lassen von Menschen, die selbst Suchende sind, die Fragen und Anfragen haben, die diesen Gott oft nicht finden, aber der Sehnsucht in ihrem Herzen Raum geben. Auf Antworten zu Fragen, die ich gar nicht gestellt habe, kann ich inzwischen gut verzichten.

Ich bin nicht länger bereit, Menschen eine Autorität über mich einzuräumen qua Funktion – aber ich anerkenne gerne die Autorität des gegangenen Weges. Dabei habe ich gelernt, daß nicht jeder offizielle Priester wirklich ein »Seelsorger« im eigentlichen Sinne dieses Wortes, im Dienste dieses Gottes, der das Leben will, ist – und daß es Priester und Priesterinnen in dieser Kirche gibt, von denen die amtliche Kirchenbehörde wahrscheinlich gar nichts weiß. Es gibt einen Unterschied zwischen Religion und Theologie – und gute Theologen können manchmal sehr ungläubige Menschen sein.

Seitdem ich die Verantwortung für meinen Glauben selbst übernommen habe, geht es mir erheblich leichter mit dieser Kirche. Ich bin gelassener geworden, was die offiziellen Kirchenstrukturen angeht – und zugleich leidenschaftlicher, was meinen Glauben betrifft.

Es kommt darauf an, meine ganz persönlichen Erfahrungen auf der Suche nach diesem Gott zu machen und eben genau diese Erfahrungen mit anderen Menschen zu teilen, die genau wie ich auf dem Weg sind, von einer unstillbaren Sehnsucht getrieben. Es ist diese alte Sehnsucht des Menschen, eine Antwort auf seine Fragen zu finden, einen Sinn in dem Auf und Ab, dem Glück, den Tränen, dem Leid und dem Leben selbst zu entdecken. Es ist die alte Hoffnung, heimzukommen, geborgen zu sein, bejaht zu sein.

Manche Freunde, Priester, Ordensschwestern verzichteten dabei im Laufe ihres Weges auf ihren Anteil an einer funktionalen Macht: Sie haben ihr offizielles Priesteramt aufgegeben, traten aus dem Orden aus. Mir hat das solange wehgetan, solange ich dieser Macht Macht über mich einräumte. Heute denke ich: Wir bleiben spirituell Verbundene, suchen und feiern miteinander, trauen dem Leben und leben es. Und genau das *ist* Kirche.

Wir sind Kirche – und überlassen die Definition, was und wie Kirche zu sein hat, nicht mehr anderen. Wir haben unseren Glauben in unsere eigene Verantwortung zurückgenommen, leben Kirche.

Deshalb überlege ich mir inzwischen auch ziemlich genau, wo es sich lohnt, meine Kraft und Energie zu investieren – und wo nicht. So bin ich derzeit nicht mehr bereit, für das Diakonat der Frau weiter zu kämpfen – und damit eigentlich nur Beschlüse zu bestätigen, die eh schon 25 Jahre alt sind – wenn sich die Rolle des Diakons in dieser Kirche nicht zuerst grundlegend ändert. Das offizielle Priesteramt in seiner derzeitigen Ausgestaltung finde ich nicht besonders attraktiv, wenn ich auch vor jedem jungen Mann Hochachtung habe, der sich mit lauteren Motiven darauf einläßt. Inzwischen bin ich es auch müde, zu überlegen, ob und wie eine Zulassung von Frauen das Amt verändern wird. Es mag sein, daß Frauen dieses Amt verändern würden – in der Politik gibt es genug Beispiele dafür und dagegen. Und fraglich bleibt noch, inwieweit das Amt die Frauen verändern würde...

Ich habe meine Entscheidung getroffen: Ich *bin* Frau in dieser Kirche – und warte nicht länger darauf, daß mir jemand erlaubt, Frau in dieser Kirche zu sein. Ich warte nicht länger darauf, daß mir irgend jemand den Zugang zu irgendwelchen Ämtern erlaubt – ich glaube, daß die Autorität des gegangenen Weges für diejenigen gilt, die mit mir auf dem Weg sind – und das allein zählt. Ich suche den Gott des Lebens, und wenn Strukturen dabei helfen können, dann sind sie mir sehr willkommen. Uninteressant dagegen ist für mich all das, was mich an dieser Suche hindert, ist das »Angekommen-Sein«, sind statische Antworten auf sich verändernde Lebenssituationen.

Ich erlebe diesen Gott in aller Radikalität und Existentialität als jemanden, der mich zum Leben befreit, der es mir möglich macht, mich selbst anzunehmen, mich selbst zu suchen und zu finden, der mich all das erleben läßt, was Höhen und Tiefen meines Lebens ausmacht, Leid und Lachen, Tränen und Freude, Zweifel und Gewißheit – und ich möchte diese Botschaft der Befreiung Menschen weitersagen und sie dabei unterstützen, sich selbst zum Leben zu befreien und befreien zu lassen. Dies geht für mich nur über die Botschaft dieses Gottes, der das Leben liebt, der mir Kraft und Halt ist.

Solange dies in dieser Kirche möglich ist, werde ich dies in unserer Kirche tun. Solange es dort Menschen gibt, die diese Botschaft brauchen, weil sie bisher nur eine einengende Dimension des Christentums erfahren haben, gilt es, ihnen diese Botschaft weiterzusagen – seien es nun Frauen in Frauengruppen, Mitglieder eines Pfarrgemeinderates, Priester oder Bischöfe. Solange es in dieser Kirche Menschen gibt, die sich mit mir auf diesen Weg machen, solange werde ich in dieser Kirche bleiben.

Wenn diese befreiende Botschaft in dieser Kirche nicht mehr gesagt werden kann, ich dort keine Menschen mehr antreffen werde, für die diese Botschaft wichtig ist, dann werde ich mir andere Rahmenbedingungen suchen.

Mein Ort ist derzeit in dieser Kirche. Das kann sich ändern – ich habe keine lebenslängliche Entscheidung getroffen. Mein Ort ist deshalb in dieser Kirche, weil ich hier nach wie vor Räume finde, in denen ich Kirche-Sein leben kann, selbst Kirche bin. Das schließt aber wiederum nicht aus, daß es darüber hinaus noch weitere Orte gibt, an denen Kirche lebt – auch wenn diese möglicherweise offiziell nicht unbedingt anerkannt sind.

Die Erneuerung dieser offiziellen Kirche wird nicht von oben und wahrscheinlich auch gar nicht aus Europa kommen – Kirche lebt von unten, wächst in den Kerngruppen der Gemeinden, in den Basisgemeinden Südamerikas. Kirche ist dort, wo sich Menschen von der Botschaft des Evangeliums zu ihrem eigentlichen Mensch-Sein befreien lassen, und auf diesem Weg mündig und selbständig werden. Kirche lebt dort, wo Menschen diese Botschaft anderen weitersagen, sie vorleben, sie auf ihrem Weg begleiten.

Kirche ist dort, wo Menschen Leben in Fülle ahnen oder erleben dürfen – und da bin ich gerne dabei.

Loslassen

Von Gott
gepackt
ergriffen
gefesselt

lerne ich
zu unterscheiden

zwischen
wichtig und nicht wichtig
notwendig und nicht notwendig
sinnvoll und nicht sinnvoll

von Gott
gepackt

lerne ich
endlich

frei
zu sein

für das
was wirklich
zählt

Berufung

Plötzlich

ein Wort
eine Geste
ein Bild
ein Lied

trifft
berührt
geht nach
läßt nicht mehr los
umfängt

fordert heraus
wird unbequem
birgt Verheißung
ist Zumutung
macht Lust
ist Angst

Frage
Verlockung
Unsicherheit
Verwirrung
und doch
Gewißheit

ich
bin
gemeint

»Es ist, was es ist ...«

Erich Fried

Hinter uns lag ein harter und anstrengender Arbeitstag. Die Mitglieder von drei benachbarten Pfarrgemeinderäten hatten sich zu einem Klausurtag getroffen, um sich kennenzulernen und Perspektiven für die weitere Zusammenarbeit zu entwickeln. Wir hatten an diesem Tag vieles gehört, gedacht, gesagt, geplant, das Miteinander-arbeiten in der ungewohnten Form hatte Kraft und Konzentration gefordert. Es war viel gewesen – ich hatte Mühe, bei der Einleitung der Abschlußreflexion keine der Stationen des Weges, den wir miteinander an diesem Tag gegangen waren, zu vergessen.

Der Gottesdienst, den wir dann am Abend zusammen mit der Gemeinde feierten, brachte erste Entspannung mit sich – es tat gut, sich dem gewohnten Ablauf zu überlassen. Nun konnte man loslassen, zeichenhaft die getane Arbeit in die Verantwortung Gottes stellen.

Das Evangelium paßte gut zu dem, was wir an diesem Tag miteinander erlebt und getan hatten: Das Gleichnis vom Sämann.

Ein Sämann ging aufs Feld, um zu säen. Als er säte, fiel ein Teil der Körner auf den Weg, und die Vögel kamen und fraßen sie. Ein anderer Teil fiel auf felsigen Boden, wo es nur wenig Erde gab, und ging sofort auf, weil das Erdreich nicht tief war; als aber die Sonne hochstieg, wurde die Saat versengt und verdorrte, weil sie keine Wurzeln hatte. Wieder ein anderer Teil fiel in die Dornen, und die Dornen wuchsen und erstickten die Saat. Ein anderer Teil schließlich fiel auf guten Boden und brachte Frucht, teils hundertfach, teils sechzigfach, teils dreißigfach. *Mt 13,3b–8*

Und, diesen Tag vor meinen Augen und in meinen Gedanken, hörte ich dieses Gleichnis plötzlich anders als die vielen Male vorher: aus einem eher resignativen oder gar anklagenden Ton, der für mich bisher immer mitschwang, wurde auf einmal tröstende Zusage. Ich muß gar nicht krampfhaft all diese Fülle erfassen, muß nicht dem letzten Gedankenfetzen noch hinterherjagen, um ihn auch noch zu verwerten, brauche keine Angst darum zu haben, daß etwas von den Gedanken dieses Tages verlorengeht – ich darf Mut zur Unvollständigkeit haben.

Gott weiß um die Wirklichkeit. Manches Samenkorn geht verloren auf seinem Weg ins Leben und darf ruhig auch verlorengehen. Manches, das gut gemeint war, dient plötzlich anderen Zwecken. Anderes flammt auf in plötzlicher Begeisterung, um in der Mühe des Alltags wieder in Vergessenheit zu geraten. Und einiges wird einfach erstickt, ist von vornherein zum Sterben verurteilt. Das ist so – und wer würde deswegen auf die Idee kommen, die Vögel ausrotten zu wollen, die Wege abzuschaffen oder den Dornenhecken das Wachsen zu verbieten?

Interessanterweise wird aber auch dem Sämann kein Vorwurf gemacht, keine Unsorgsamkeit vorgeworfen. Er hätte doch besser aufpassen, besser zielen können mit seinem Wurf – aber nein. Die Tatsache, daß dieser Sämann aufs Feld geht und sät, scheint vollkommen auszureichen.

Eine Gedichtzeile von Erich Fried fällt mir ein: »Es ist, was es ist, sagt die Liebe«. Vielleicht heißt lieben, keinem Vollkommenheitsideal hinterherzujagen, dem Perfektheitsanspruch nicht nachzugeben – sondern statt dessen zu akzeptieren, daß es ist, was und wie es ist. Manches Samenkorn, das eigentlich leben und Frucht bringen soll, wird diese Erwartung nicht erfüllen. Und es ist müßig, sich darüber zu beschweren oder zu klagen. Es ist so – und es gilt, sich dieser Wahrheit zu öffnen.

Das aber ist alles andere als Passivität. Realitäten, Wirklichkeiten anzunehmen, mit ihnen leben zu lernen, Träume im Alltag vielleicht auch nur anfanghaft und unzureichend zu verwirklichen, ohne sie dabei zu verraten – mag sein, daß eben das das Allerschwerste ist. Inzwischen erstaunt mich eigentlich fast eher, daß dieser Sämann trotz aller Realitäten, um die er sicher genau weiß, hinausgeht und sät. Vielleicht ist sogar dies genau der Punkt: Trotzdem zu säen – in vollem Bewußtsein, daß viele Samenkörner, die gut gemeint sind, nicht leben werden. Trotzdem zu säen...

»Es ist, was es ist« – optimistisch, lebensbejahend, hoffnungsvoll kann dies nur die Liebe sagen. Und eine solche Liebe fordert eben nicht die Abschaffung von Vögeln, Wegen und Dornenhecken – und sagt auch nicht zum Sämann: paß auf!

Liebe sät trotzdem. Sie wirft den Samen mit vollen Händen aus, berechnet nicht, sondern verschwendet – und weiß zugleich darum, daß nur ein Teil davon auf guten Boden fallen, wachsen und Frucht bringen wird.

Mir macht das Mut – Mut zum »Verschwenden« dessen, was zum Leben wichtig ist, es mit vollen Händen auszuteilen, in die Welt hinaus zu streuen. Die Wirklichkeit wird vieles davon umbringen – aber ein Teil wird leben und wird Frucht bringen.

Es macht mir aber auch Mut, mit mir selbst gelassener umzugehen: Ich muß nicht ängstlich jede Idee, jeden Impuls festhalten, brauche nicht zu befürchten, etwas Wichtiges zu verpassen. Denn »es ist, was es ist« – irgend etwas werde ich immer verpassen, manche Gedanken werden spontan und begeistert angegangen, um kurze Zeit später vergessen zu sein, für manche Ideen fehlen mir Kraft und Zeit, für den einen oder anderen Traum ist es im Moment vielleicht noch nicht an der Zeit. Ich weiß aber auch: Anderes wird auf guten Boden fallen und Frucht bringen.

Von diesem Sämann möchte ich gerne lernen. In vollem Wissen darum, daß viele Erwartungen nicht erfüllt werden, will ich hinausgehen und trotzdem säen. Ich will nicht länger darüber klagen, daß manches nicht so wächst, wie ich es gerne möchte – sondern damit leben lernen.

Und ich will mich freuen an dem, was aufgeht und Frucht bringt.

Zusage

Du brauchst nicht
das Unmögliche
möglich zu machen
du brauchst nicht
über deine Möglichkeiten
zu leben
du brauchst dich nicht
zu ängstigen
du brauchst nicht
alles zu tun
du brauchst
keine Wunder zu vollbringen
du brauchst dich nicht
zu schämen
du brauchst nicht
zu genügen
du brauchst Erwartungen an dich
nicht zu entsprechen
du brauchst
keine Rolle zu spielen
du brauchst nicht immer
kraftvoll zu sein

und du brauchst nicht
alleine zu gehen

Gabenbereitung

Ich
überlasse dir

meinen unerfüllten
Traum vom Leben
und meine Angst
vor dem Verlassen-werden
meinen Stolz
über ein gelungenes Seminar
und mein Scheitern
in einer Beziehung
meine Fähigkeit
zu organisieren
und die Grenzen
meiner Kraft

ich gebe dir
was ich bin
und was ich habe

viel
und wenig
zugleich
Samen
Knospen
Blüten
Früchte
geknickte Zweige
abgestorbene Blätter

nimm
meine Gaben an
und verwandle sie

damit sie
zum Segen werden

für alle Geschöpfe
in deiner Welt

Du bist vertraut mit all unseren Wegen

Psalm 139

Lieber Richard, liebe Inge, liebe Mitfeiernde!

Ihr traut Euch!
Ihr habt den Mut zu dieser großen und wichtigen Entscheidung, zu heiraten, und wollt diese Entscheidung heute und hier in aller Öffentlichkeit bezeugen und mit uns feiern. Ihr laßt Euch ein auf dieses Abenteuer eines gemeinsamen Weges und damit auch auf das Abenteuer Leben – mit offenem Ausgang!

Es ist eigentlich eine ungeheure Entscheidung, die Ihr da trefft! Ihr sagt »Ja« zum anderen, sagt »Ja« zu dem Wagnis, miteinander das Leben zu teilen und es zu gestalten – und das unabhängig davon, was dieses Leben an guten, aber auch an unangenehmen Überraschungen für Euch bereit halten wird. Ihr sagt »Ja« zueinander, ganz unabhängig davon, welche persönlichen Entwicklungsschritte jeder einzelne von Euch noch gehen mag. Und ich denke, Ihr wißt, worauf Ihr Euch mit solch einer Entscheidung einlaßt: es geht nicht um einen netten, gemütlichen Sonntagsspaziergang, sondern das ist Aufbruch ins Abenteuer, der gemeinsame Aufbruch in das Abenteuer Zukunft, in das Abenteuer Leben.

Da stellt sich natürlich schon die Frage, was einem den Mut gibt, eine solche Entscheidung zu treffen, eine solche Verbindlichkeit einzugehen und auch noch in aller Öffentlichkeit zu bezeugen, was einem das Recht gibt, ein solches Wagnis einzugehen?

Die Antwort darauf, denke ich, habt Ihr Euch selbst, aber auch uns allen, mit Eurem Trauspruch schon gegeben: »Du bist vertraut mit all unseren Wegen!«

Dieser so vertrauensvolle Satz aus dem Psalm 139 enthält jedoch bei näherem Hinsehen nicht nur *einen* Versuch einer Antwort, sondern gleich drei Antwortversuche, denen ich gerne im folgenden etwas nachspüren möchte.

Was gibt das Recht, eine solche Entscheidung zu wagen? Die drei möglichen Antworten darauf lauten:

* Gott
* Vertrauen
* Weg

GOTT

Dadurch, daß Ihr Euch entschieden habt, eben nicht nur standesamtlich zu heiraten, sondern Euch hier und heute gegenseitig das Sakrament der Ehe zu spenden, bezeugt durch Priester und Gemeinde, dadurch bringt Ihr Gott ins Spiel. Dieses Sakrament ist nicht nur eine schöne Verzierung oder gar eine Service-Leistung der Kirche – mit diesem Sakrament stellt Ihr Euch in ein größeres Ganzes hinein. Ihr bindet damit Eure Entscheidung zurück an eine Kraft, an einen Gott, der das Leben will. Gelingendes Leben aber, und auch eine gelingende Ehe, ist nicht allein mit Menschenkraft machbar.

Sicher – man kann vieles dazu tun, daß eine Ehe gelingt – Verständnis und Toleranz, zuhören und mit Konflikten gut umgehen, den anderen achten und nicht umerziehen wollen und vieles anderes mehr – gelingendes Leben, gelingende Ehe aber ist immer auch Geschenk und eben keine Selbstverständlichkeit.

Gott ins eigene Leben hereinzuholen, das ist immer zugleich Einladung zum Mensch-Sein. Eben weil es einen Gott gibt, eben weil ich mich in diese Kraft hineinstelle, die das Leben will, kann und darf ich Mensch sein und Mensch werden, mit all meinen Schwächen und Fehlern, mit all meinen Stärken und Talenten.

Mein Leben mit und auf Gott hin zu deuten, das verändert die Perspektive, das verändert den Blickwinkel. Mein Leben wird in ein anderes Koordinatensystem gestellt, ich unterlege es mit einer anderen Folie, mit der ich meine Erfahrungen und Erlebnisse vielleicht aus einem anderen Blickwinkel anschauen kann.

Diesen Gott mit ins Spiel zu bringen, das macht das Leben nicht unbedingt einfacher – aber es verändert den Blick.

Und wenn Ihr Euch gegenseitig im Namen dieses Gottes versprecht, dann ist das Anspruch, aber auch Zusage; Herausforderung, aber auch Geborgenheit; dann ist das Abenteuer, aber auch Heimat. Wenn Ihr Gott mit in Eure Entscheidung hereinnehmt, dann baut Ihr auf ein Fundament, das stärker, kraftvoller, dauerhafter, liebesfähiger ist, als wir Menschen es je vermögen.

Deshalb glaube ich, daß dieser Gott eine erste Antwort auf die Frage ist, wie man sich trauen kann. Mit diesem Gott gebt Ihr Eurem gemeinsamen Leben eine größere Dimension. Und genau das kann befreien, kann entlasten, kann Kraft geben für den Weg – da gibt es etwas, jemanden, der größer ist als wir – und mit dem wir uns verbünden.

– eine zweite Antwort. Ihr könnt diese Entscheidung treffen, weil Ihr Euch gegenseitig traut, weil Ihr diesem Gott und seiner Einladung zum Leben traut – und zugleich seid Ihr und sind Eure Wege diesem Gott vertraut.

Das ist kein Freibrief so nach dem Motto »dann ist es ja eh egal, was ich mache!« – und es bedeutet auch nicht, sich gottergeben dem Schicksal zu überlassen. Es entbindet nicht davon, eigenverantwortlich das Leben zu gestalten, das Leben selbst in die Hand zu nehmen – aber all das, was Ihr dabei erleben werdet, das ist diesem Gott vertraut, weil ihm die Menschen und alles Menschliche vertraut sind. Die schönsten und die dunkelsten Stunden, die Wege der Einsamkeit, der Zweifel, der Unsicherheit, das Lachen, die Freude, die Stunden der Zweisamkeit – nichts ist diesem Gott fremd. Deshalb darf ich mich getrost auf dieses Abenteuer Leben einlassen, deshalb könnt auch Ihr mutig gemeinsam diesen Weg gehen.

Diesem Gott sind diese Wege vertraut – ja, mehr noch, er geht mit. Es ist eben nicht der kritisch-kontrollierende Gott, der einfach nur beobachtend zuschaut, es ist nicht der Gott, der die Menschen wie Marionetten an langen Fäden tanzen läßt – sondern es ist ein Gott, der den Menschen die Freiheit läßt, ihre Wege zu gehen. Er aber ist vertraut mit allen diesen Wegen.

Und deshalb können sich Menschen vertrauend auf einen solchen Weg einlassen, so wie Ihr es tut.

WEG

– der dritte Antwortversuch auf die Frage, was macht Mut für solch eine Entscheidung. Das Leben und auch die Ehe sind kein Zustand, den man einmal erreicht hat, es ist nichts, was man hat oder besitzt – auch nicht den Partner –, sondern es ist ein Weg, der tagtäglich neu gegangen sein will. Das »Ja« zum Partner muß sozusagen jeden Tag neu in den Alltag übersetzt werden. Dieser Weg Eurer Ehe entsteht im Gehen – und nicht im Sitzenbleiben. Und dieser Weg ist zugleich das Ziel. Immer wieder neue Schritte wagen, mutig aufbrechen – auch auf die Gefahr hin, daß ich auch einmal in eine Sackgasse hineinlaufe, daß der Berg steil ist, der Fluß tief – aber doch losgehen! Würdet Ihr Eure Beziehung auf den heutigen Stand festschreiben wollen – wenn das überhaupt ginge –, dann hätte ich Angst um Euch! Der Weg aber eröffnet Perspektiven des Wachsens, auch des miteinander Wachsens. Das Unterwegs-Sein, der Weg, das gibt der Dynamik des Lebens Raum. Nicht das ängstliche Sitzenbleiben ist gefragt, sondern der mutige Aufbruch, die Ausdauer, den nächsten Schritt zu gehen – und eine Ehe ist nicht nur ein kuscheliges Haus mit einem warmen Kachelofen, sondern immer auch gemeinsame Wegbegleitung und Aufbruch.

Es ist ein Wechselspiel zwischen Statik und Dynamik. Der gemeinsame Aufbruch ins Leben braucht die Statik der Verbindlichkeit zueinander und der tragenden Beziehung zu Gott. Dann kann dieser Weg gewagt werden, voll Vertrauen darauf, daß Gott vertraut ist mit diesem Weg und mitgeht.

Als ich den Freunden im Allgäu von Eurer Hochzeit und Eurem Trauspruch »Du bist vertraut mit all unseren Wegen« erzählte, da ergänzte meine ältere Freundin, Alpbäuerin, seit etlichen Jahrzehnten verheiratet und, was das Leben angeht, eine erfahrene Frau, ganz spontan: »und Plätzen!«. Ich muß wohl etwas verständnislos geschaut haben, deshalb ergänzte sie noch: »Es gibt nicht nur Wege in einer Ehe, sondern es gibt auch Plätze. Man ist nicht nur dauernd unterwegs – sondern es gibt auch Plätze, wo man verschnaufen und ausruhen kann!«

Solche Plätze, wo man verschnaufen und ausruhen kann, wünsche ich Euch. Ich wünsche Euch, daß Ihr die Dynamik und die Statik Eurer Beziehung gut ausbalancieren könnt – und daß Ihr Euch auf diesem Weg gegenseitig zu Eurem Mensch-Sein befreit. Möge Gott, der Liebhaber des Lebens, mitgehen auf all Euren Wegen!

Lied vom »Trau'n«

wüste liegt brach
wann springt die flut
wer schlägt den stab
und sucht den stein

dunkel die zeit
wo ist der tag
wer bricht die nacht
glaubt an das licht

der tod regiert
wer tanzt voll vertrau'n
riskiert den schritt
lädt ein zum traum

gefangen die welt
wer sagt das wort
wer ist die tür
befreit vom tod

welt leidet not
wer hat den fisch
wer ist das brot
und deckt den tisch

menschen sind nackt
wer schenkt das kleid
wer hat das tuch
und teilt das leid

krank und allein
wer ist bei mir
wer nimmt die angst
harrt aus mit mir

glaub dem Traum
trau dem Wort
wag den Weg
geh los

Das Leben feiern

Manchmal
gilt es
das Leben zu feiern

die Schmerzen
und das Lachen

die Tränen
und die Träume

die Wüste
und ihre Oasen

die Sehnsucht
und das Kreuz

das Ende
und den Anfang

den Tod
und die Auferstehung

manchmal
sollte man einfach feiern
weil man lebendig ist

Suchend sein

Es scheint in der Natur des Menschen zu liegen, daß er Erwartungen hat – und daß er darauf hofft, darauf vertraut, daß diese Erwartungen in Erfüllung gehen. »Ich möchte eines Tages gerne heiraten und eine Familie haben«, so ein junger Mann. »Ich will eine gute berufliche Position mit einem entsprechenden Einkommen«, plant eine Studentin. »Nächstes Jahr um diese Zeit machen wir eine Kreuzfahrt!« freut sich ein Ehepaar. »Das Grundstück haben wir schon – in zwei Jahren steht unser eigenes Haus!« rechnet eine junge Familie vor. »Erst mal das Abi machen, dann Zivildienst – und dann ein halbes Jahr in Amerika umherreisen!« träumt ein älterer Schüler.

Wenn Menschen nicht vollkommen die Lust am Leben verloren haben, in Depressionen versunken sind, dann haben sie in der Regel ein mehr oder weniger deutliches Bild von ihrer Zukunft, dann haben sie Erwartungen an das, was diese Zukunft ihnen bringen soll. Solche Erwartungen mögen aus vielen Quellen herauswachsen: Man schreibt die eigenen, bisher gemachten Erfahrungen einfach in die Zukunft fort und rechnet sie sozusagen hoch. Man mag auf das vertrauen, was schon immer so war – dann wird es wohl auch zukünftig so sein. Man sieht etwas bei den anderen und möchte dies gerne auch für sich haben, sei es nun das größere Auto, den noch exklusiveren Urlaub, die Lebensenergie oder auch eine harmonische Familiengeborgenheit. »Ich erwarte vom Leben…« – so könnte der Satz anfangen, in dem solche Erwartungsbilder eingefangen werden.

Erwartungen an das Leben zu haben, das ist menschlich und deshalb auch nicht so arg schwer – und zudem tragen auch unsere Gesellschaft und eine konsumorientierte Werbung zu einem bestimmten Erwartungsbild an diese Welt bei. Das Scheitern und das Mißlingen wird verdrängt, der Umgang mit Krankheit und Tod an Profis delegiert – und »alles geht, wenn man es nur will!«, lautet immer noch der gängige Tenor in dieser Gesellschaft.

Was aber, wenn das Leben mir einen Strich durch diese Erwartungen macht? Wenn Arbeitslosigkeit, Krankheit, Behinderung mir meine Pläne durchkreuzen? Was, wenn die junge Verliebtheit der Partner zueinander in Haß umschlägt oder gar zur Gleichgültigkeit wird? Was, wenn die Kinder so ganz anders geraten sind, als man sich das eigentlich vorgestellt hatte? Was, wenn der eigene Lebensentwurf scheitert, weil jemand keinen passenden Studienplatz findet, durch Unfruchtbarkeit keine Kinder bekommen kann, aufgrund von Pflegebedürftigkeit ans Bett gefesselt wird?

Erwartungen an das Leben können wie Glas zerbrechen – und es kann weh tun, Abschied nehmen zu müssen von bestimmten Ideen und Vorstellungen, von gedachten Plänen und unerfüllten Träumen. Schmerzhaft können die Krisen sein, die aus solchen Ent-täuschungen entstehen und man kann tiefe Wunden und Narben davontragen. Und oft genug können auch Seelsorger und Seelsorgerinnen auf die bedrängenden Fragen nach dem »Warum?« keine Antwort geben, wenn sie ehrlich sind und nicht nur einfach vertrösten wollen.

Manchmal können solche Krisen, solche Einbrüche des Lebens, aber auch einen Umbruch einleiten, der einen anderen, einen neuen Anfang möglich macht. Wenn die festen Bilder der Erwartungen von mir weggenommen, ja vielleicht sogar weggerissen wurden, wenn äußere Sicherheiten zerbrochen sind, die Zukunft für mich kein Gesicht mehr hat, wenn ich nackt und entblößt bin von all dem, was mich bisher getragen und gehalten hat – dann wird es existentiell. Und dann kann möglicherweise in mir etwas neu zum Leben kommen, was nichts mehr mit meinen früheren Erwartungen an das Leben zu tun hat, sondern sich einer Grundhaltung des »Erwartens« annähert.

»Erwartung« und »Erwarten« – beides mag sich ähnlich anhören – und doch liegen Krisen und Welten dazwischen. »Erwartungen zu haben«, das ist das statische Element, ich habe meine fixen Bilder von dem, wie etwas sein soll – und so möge es bitte auch in Erfüllung gehen. »Erwartend zu sein«, das ist das dynamische Element, offen und neugierig auf all das, was das Leben bereithält. Und die beiden Verben, die mit den jeweiligen Ausdrücken verbunden sind, sprechen schon für sich: »Erwartungen haben« – und »erwartend zu sein«. Und auch unsere Alltagssprache kennt durchaus diesen Unterschied: Auf ein eher strenges »Ich erwarte von dir ...« kommen in der Regel ganz genaue Vorstellungen, was denn der andere, bitte schön, zu tun und zu lassen habe. Ich erwarte von dir, daß du dein Kinderzimmer aufräumst, daß du die Zahnpastatube zudrehst, daß du auf mich Rücksicht nimmst. Wie anders dagegen klingt die Aussage eines jungen Mädchens am Telefon, wenn sie mit ihrem Freund spricht, und sagt: Du, ich erwarte dich! Das eine geschlossen und die eigenen Vorstellungen, die eigenen Bilder und Forderungen zum Maßstab nehmend, das andere liebend, offen, dem anderen seine Freiheit gebend und doch zugleich die eigene Verfügbarkeit anbietend.

Abschied zu nehmen von Erwartungen kann die Chance sein, erwartend zu werden, seine Vorstellungen nicht mehr in feste Bilder zu pressen, sondern offen zu sein für das Unvorhergesehene, das Neue, das Andere. Das ist kein passives In-der-Ecke-sitzen und schauen, was denn nun geschieht – das ist eine Lebenseinstellung, die durchaus ihre Vorbereitung braucht, die aktiv ist im Sinne von wahrnehmen, aufnehmen, verarbeiten, loslassen, sich einlassen. Das ist nichts, was einfach so nur an mir geschieht, sondern ich gebe mich in das Leben hinein – und stelle mich ihm nicht gegenüber. Eine solche Haltung ins Leben hinein löst nicht alle meine Probleme, sie wird zerrüttete Beziehungen nicht wieder kitten, wird Kinder nicht zu Abbildern meiner selbst machen, wird mir auch den erhofften Studienplatz nicht bescheren oder mich schlagartig aus dem Krankenhaus nach Hause entlassen. Aber sie kann mir helfen, anders mit dem Leben und dem, was es mit sich bringt, umzugehen und es neu zu gestalten, zu leben ins Leben hinein – und nicht dagegen. Und es ist die Chance, sich einzuklinken in den Rhythmus des Lebens von Auf und Ab, Höhen und Tiefen, Einatmen und Ausatmen, Leben und Sterben.

Es mag eine Lebenseinstellung sein, der das Suchen wichtiger ist als das »Gefunden-haben«, die Frage entscheidender als die Antwort. Und es mag die Lebenseinstellung sein, die Jesus seinen Jüngern mit auf den Weg gibt, wenn er sie auffordert: »Suchet und ihr werdet finden!« – wer sucht, wird finden. Jesus erklärt sich nicht näher dazu, was denn genau derjenige finden wird. Er wird vielleicht nicht gerade das finden, was er bei seiner Suche an Vorstellungen im Kopf gehabt hatte – aber das ist möglicherweise auch gar nicht so wichtig. Er wird etwas finden, er wird vielleicht etwas finden, was ihn ein wenig durcheinanderbringt. Wichtig ist die Offenheit dafür, daß ich im Moment vielleicht etwas anderes finde, finden soll, als das, was ich gesucht habe. Fixe Erwartungen versperren oft den Blick auf dieses Andere; wenn ich schon nicht bekomme, was ich will, gilt auch nichts Anderes mehr – dann, und nur dann, fällt meine Suche ins Leere. Erwartend zu sein – das ist die Offenheit dem Leben gegenüber, dem Leben mit all seinen Kleinigkeiten und Großartigkeiten – um zu finden, was ich nicht suchte.

Suchend und erwartend zu sein – das ist eine christliche Grundhaltung. Und jeder, der eine solche Suche mit Antworten zu unterbinden sucht auf Fragen, die niemand gestellt hat, verführt in die falsche Sicherheit des »Gefunden-zu-habens«.

Es gilt Mut zu machen zum Suchen – gerade jetzt und heute in unserer Situation von Kirche und Gesellschaft. Und es gilt offen dafür zu sein, wenn wir bei dieser Suche etwas ganz anderes finden werden als das, was wir eigentlich gesucht haben.

Das Jesus-Wort aus dem apokryphen Thomas-Evangelium mag seine ganz aktuelle Gültigkeit haben: »Nicht soll aufhören der, welcher sucht, zu suchen, bis er findet, und wenn er findet, wird er verwirrt sein, und wenn er verwirrt ist, wird er sich wundern und wird herrschen über das All.«

mitgerissen

tanzen
taumeln
wirbeln

kopfüber
kopfunter

loslassen
und festhalten

die Ruhe suchen
nur um wieder neu
unruhig zu sein

im Fluß
des Lebens

suchen und
sein

Nicht machbar

Gott
suchen

und
mich

finden
lassen

Blinder Gehorsam ist nicht gefragt ...

Überall dort, wo Menschen zusammenleben, entwickeln sich gewisse Regeln und Gesetze. Dies gilt für eine Familie genauso wie für einen Staat, für eine kirchlich orientierte Gruppe genauso wie für eine Partei. Es können kleine, scheinbar unwichtige Dinge sein, die durch solche Gebote geregelt werden – aber es sind auch lebensentscheidende Fragen des Menschen, die durch Gesetze allgemeingültig beantwortet werden sollen. Solche Gebote und Gesetze gibt es in geschriebener und ungeschriebener Form, offiziell und inoffiziell.

So entsteht zum Beispiel in Familien ein hochkomplexes Regelwerk des Umgangs miteinander. Außenstehende spüren: Das ist eingespielt, jeder und jede in diesem Mikrosystem weiß, was wann wie gespielt wird – und was man hier auf keinen Fall tun darf. Sogar Konflikte laufen nach einem bestimmten Schema ab – und Fremden ist in aller Regel tunlichst abzuraten, ein solch bewährtes Muster zu unterbrechen. Es könnte dann nämlich passieren, daß sich durchaus die gesamte Familie gegen ihn wendet, weil sie sich dagegen wehrt, daß hier jemand neue Regeln ins Spiel bringen will. Solche Familiengesetze sind den Betroffenen selbst oft gar nicht bewußt, sie haben sich im Laufe der Jahre und Jahrzehnte entwickelt – und manchmal werden sie einem selbst erst klar, wenn sich jemand Fremdes darüber wundert oder wenn man selbst in einer anderen Familie zu Gast ist.

Auf einer ganz anderen Ebene sind die Gesetze des Staates anzusiedeln. Sie sind festgeschrieben, öffentlich – und ein Vergehen gegen sie, sofern es entdeckt wird, zieht in der Regel eine Verurteilung und Bestrafung nach sich.

Es gibt sogar regelrechte Gesetzesbücher, in denen geregelt ist, was in diesem Staat erlaubt und verboten ist – und eine Instanz, die Recht spricht. Neben diesen staatlich-öffentlichen Gesetzen gibt es wiederum eine ganze Reihe ungeschriebener, gesellschaftlicher Gebote, deren Nichtbefolgung zwar keine Gefängnisstrafe nach sich zieht, aber doch in der Regel mit subtileren, sozialen Strafen verbunden ist wie Mißachtung, Zuwendungsentzug, einem schlechten Ruf. Viele Sprichwörter geben solche Gebote wieder wie z. B. »Wer einmal lügt, dem glaubt man nicht, und wenn er auch die Wahrheit spricht« oder »Eigener Herd ist Goldes wert«.

Solche Regeln des menschlichen Zusammenlebens bringen eine gewisse Spannung mit sich. Es ist einerseits lebensnotwendig, daß viele Fragen geregelt sind – der Mensch kann nicht jedesmal neu eine Entscheidung treffen, was denn jetzt in dieser Situation zu tun ist. In einem solchen Sinne können Gebote und Gesetze den einzelnen auch entlasten, man kann sich weitestgehend darauf verlassen, daß auf »A« »B« folgt, daß, wenn ich bei »Grün« über die Ampel fahre, kein Fahrzeug von rechts kommt, daß der Zug tatsächlich um 17.15 Uhr fährt und höchstens ein klein wenig später kommt.

Andererseits fühlen sich Menschen auch immer wieder durch solche Gebote und Gesetze in ihrem Leben eingeengt, in ihrer Freiheit beschnitten. Und manche reagieren darauf, indem sie gerade deshalb diese Gebote für sich außer Kraft setzen und über die Stränge schlagen, wie es so schön heißt. Und wenn man sich lange genug angepaßt hat, brav und folgsam war, um so größer wird die Möglichkeit einer existentiellen Rebellion, die alles in Frage stellt. Die Pubertät Jugendlicher ist nicht zuletzt deshalb eine der wichtigsten Lebensphasen des Menschen überhaupt, weil sich der Jugendliche gerade durch den Widerspruch zu den althergekommenen Geboten von Familie, Kirche und Gesellschaft seine eigene Identität erarbeitet, seine eigene Normenwelt entwickelt.

So bieten Regeln und Gesetze zwar Schutz und Sicherheit einerseits, bringen aber auch Einschränkung und Reglementierung andererseits mit sich. Je nach Persönlichkeitsstruktur kann man sich hinter dem Gesetz verstecken und vor lauter »das tut man aber nicht!« am Leben vorbeileben und es letztendlich dann noch den anderen zum Vorwurf machen, daß man selbst es nicht gewagt hat, sich außerhalb mancher Gebote zu stellen – man kann aber auch auf die Sicherheit, den Ruf in der Gesellschaft pfeifen, alles auf die Karte Selbstverwirklichung setzen, mit aller Unsicherheit und Einsamkeit, die mit einem solchen Schritt verbunden sein mag. Das Gleichnis vom Barmherzigen Vater und seinen beiden Söhnen mag wohl genau dieses uralte Wissen um diese Spannung widerspiegeln.

Um seine eigene Einstellung zu einem Gesetz, einem Gebot zu finden, mögen zwei Fragen hilfreich sein.

Die erste lautet: Wozu ist dieses Gebot erlassen worden? Damit wird nach der Absicht und den Interessen gefragt, die ein solches Gebot entstehen ließen. Manche Gesetze dienen dazu, erworbenes Menschheitswissen so festzuschreiben, daß es den Nachfolgern zum Guten dient, es soll Leben ermöglichen und es unterstützen. Hierzu sind sicher die Zehn Gebote, die Moses auf dem Berg Sinai erhalten hat, zu zählen. Andere Gesetze dienen eindeutig dazu, Leben zu vernichten und zu unterdrücken, hier sei an die Gesetzgebung in Diktaturen erinnert, an Situationen, in denen Widerstand zur Pflicht wird, weil das Gesetz das Unrecht schützt. Was also soll mit einer Regel, einem Gebot erreicht werden?

Zum zweiten: Trifft dieses Gebot auf die aktuelle Situation zu? Dazu muß man sich die mögliche Entstehung solcher Gebote, die den Menschen beim Leben unterstützen wollen, vor Augen führen: Da gab es Menschen, die in bestimmten Situationen vergleichbare Erfahrungen gemacht haben. Aus x-Einzelerfahrungen wurde sozusagen eine allgemeine Regel gezogen, die nun wiederum auf individuelle Einzelerfahrungen angelegt werden soll. Manches mag grundsätzlich so gelten – und möglicherweise für die eigene Situation doch untauglich sein.

Beide Fragen relativieren das Gesetz. Das Gesetz ist nicht in sich richtig oder falsch, wahr und unwahr – ich muß nach seiner Absicht fragen. Ist seine Absicht lebenstötend, dann muß ich mich gegen das Gesetz wenden. Und selbst, wenn seine Absicht lebensfördernd ist, muß ich mich noch mal fragen, ob es für mich in meiner Situation zutrifft, ob die Verallgemeinerung eines solchen Gebotes die Differenziertheit meiner Situation trifft.

So mag beispielsweise das Gesetz: »Du sollst nicht stehlen!« aus einem uralten Menschheitswissen stammen. Menschen können in einer Gemeinschaft nur überleben, wenn sie sicher sein können, daß nicht der eine den anderen bestiehlt. Grundsätzlich also ist diesem Gesetz in seiner Absicht durchaus zuzustimmen. Situativ gesehen mag es Situationen geben, in denen erst durch das Übertreten dieses Gebotes das Überleben gesichert werden kann, also die ursprüngliche Absicht erreicht werden kann. So wurde zum Beispiel kurz nach Ende des Zweiten Weltkrieges das »Kohleklauen« durchaus zu einem gesellschaftsfähigen Delikt, bis hin, daß der damalige Bischof von Köln, Kardinal Frings, erklärte, daß Kohle klauen keine Sünde sei. Und auch heute noch wird »Mundraub« milder bestraft als ein Raub, der der eigenen Besitzvermehrung gilt. Jedes Gesetz muß auf seine Absicht hin befragt werden und muß durchbuchstabiert werden auf die Situation, in die hinein es sprechen soll.

Das soll kein Freibrief sein, sich leichtfertig über Gesetze hinwegzusetzen oder sich ihnen einfach nur anzupassen. Auseinandersetzung ist gefragt. Manche Regeln mögen für mich unbequem sein, mich momentan in meiner Freiheit einschränken – und doch dienen sie gerade dadurch dem Leben. Andere mögen Sicherheit und Ordnung anbieten, und sind vielleicht gerade deshalb zu hinterfragen.

So ging Jesus mit den Gesetzen um, auf die er traf. Manche befolgte er, so war er wie jeder Jude am Sabbat in der Synagoge, andere Gesetze übertrat er, indem er zum Beispiel am Sabbat heilte. Es spiegelt seine Devise wider: Tun, was dem Leben dient. Manche Gesetze mögen in einer bestimmten Situation dem Leben dienen, andere Gesetze, und seien sie in noch so guter Absicht gesetzt, mögen in einer bestimmten Situation das Leben eher zerstören.

Er achtet die Gesetze – aber er ist zugleich bereit, sie zu übertreten, wenn es notwendig ist. Er setzt die Gebote in eine Beziehung zu dem Menschen. Den heutigen Christen führt dies zur Frage des Gewissens: Was kann ich vor mir, den Mitmenschen und vor Gott verantworten? Es gilt, sich dieser Frage ehrlich zu stellen. Und es gilt dabei auch, sich mit Geboten und Regeln ernsthaft auseinanderzusetzen. Nach Lehre und Praxis der Kirche aber ist das Gewissen die letztverbindliche Instanz für das sittliche und religiöse Handeln des Menschen.

Blinder Gehorsam, der den anderen das Denken überläßt, ist gerade in der Kirche eigentlich nicht gefragt.

Gottesgeburt

Wenn Gott
in mir

zur Welt
kommen will

dann
braucht es

die Offenheit
zum Empfangen

die Bereitschaft
Fragen und Zweifel auszuhalten

das Vertrauen
der Verheißung zu glauben

die Angst
Abschied zu nehmen

die Freude
über wachsendes Leben

den Mut
sich selbst zu riskieren

die Ohnmacht
der eigenen Machtlosigkeit

die Geduld
das Dazwischen zu gestalten

den Verlust
der eigenen Grenzenlosigkeit

den Glauben
an Träume, die tragen

die Zufriedenheit
einer neuen Erfüllung

die Schmerzen
des Neu-geboren-werdens

die Schwäche
der eigenen Kraftlosigkeit

die Überwindung
loszulassen

die Neugier
sich auf Neues einzulassen

die Geborgenheit
in Liebe gehalten zu sein

die Lust
das Leben zu probieren

wenn Gott
in mir

zur Welt
kommt

kann
ich

endlich

Mensch
sein

Hingabe

Dieser Gott
ist wirklich
das Letzte
dieser Gott
ist wirklich
eine Zumutung

er fordert
über Grenzen heraus
lockt ins Unendliche
und will dich
ganz

das ist radikal
das wird existentiell
da bleibt nichts beim Alten
da bleibt dir
die Luft weg
da steht die Welt
kopf

paß auf!!

wenn du
ja
sagst

er verführt dich
zum Leben

Das Evangelium leben

Wenn man von einer Idee oder einer Anschauung wirklich überzeugt ist, dann fragt man sich in der Regel auch sehr gewissenhaft: Was heißt das ganz konkret für mein Leben? Das gilt für den Bereich der Friedensarbeit genauso wie für den Umweltschutz oder das Engagement für die sogenannte »Dritte Welt«, für politische Ideen genauso wie für religiöse Überzeugungen. Eine rein theoretische Idee ohne die praktische Umsetzung in den eigenen Lebensalltag verliert an Leuchtkraft und Stärke, ja, kann dadurch sogar unglaubwürdig werden.
Auf dem Weg von einer Volkskirche hin zu einer »Entschiedenen-Kirche«, zu einer Zeit, in der Kirche und Gesellschaft im Umbruch sind, stellen sich auch viele Christen diese Frage nach den Konsequenzen ihres Glaubens neu. Bisher gültige und selbstverständliche Antworten greifen oft nicht mehr und müssen ins »Heute« übersetzt werden. Was bedeutet mein Glaube für die Gestaltung meines Alltags?

Es gibt eine ganz alte Antwort auf diese Frage, die zugleich hochaktuell ist: die Evangelischen Räte, also Leben in »Gehorsam, Armut und Jungfräulichkeit«. Das Wort »Evangelisch« in diesem Zusammenhang ist dabei nicht konfessionsbezogen zu verstehen, sondern will darauf hinweisen, daß diese Ratschläge aus dem Evangelium abgeleitet sind. In den Orden und auch in Säkularinstituten wurden die Evangelischen Räte immer schon als eine wichtige Hilfe zur Lebensgestaltung angesehen – ihnen aber allein dort einen »Ort des Lebens« zuzuweisen, hieße die Kraft der Evangelischen Räte nur unzureichend zu nutzen. Sie wollen Lebensweisung für alle Christen sein, seien es nun Laien oder Geistliche, Männer oder Frauen, junge oder alte Menschen.

Dazu bedarf es einer neuen Interpretation der Botschaft der Evangelischen Räte, einer Übersetzung, die eben nicht nur auf das Ordensleben zugeschnitten ist, sondern im Alltag jedes Christen gelebt werden kann.

Gehorsam – ein Wort, das es nicht leicht hat bei uns. Unangenehme Kindheitserfahrungen mögen damit verbunden sein, das Erfahren der eigenen Machtlosigkeit, vielleicht drängen sich Erinnerungen an das Dritte Reich und an »blinden Gehorsam« auf. Genau das aber ist hier nicht gemeint.

Gehorsam in diesem altchristlichen Sinn schaltet nicht das Denken aus, sondern will die Mündigkeit und die Gewissensentscheidung des einzelnen. »Gehorsam« – das Wort kommt von »hören«, vom Hören auf das, was dieser Gott von uns, von mir will – es schließt das »Bedenken« mit ein und das Handeln, das aus einem solchen »Hören« kommt. Es bedeutet, mich in ein »größeres Ganzes« mit hineinzustellen, mein Leben nicht nur nach egoistischen Gesichtspunkten auszurichten, sondern es zu gestalten und damit zugleich auch gestalten zu lassen. Ich begebe mich in dieses Leben hinein, mit all seinen Höhen und Tiefen, und gestehe diesem Leben seine eigene Dynamik, seine eigene Verbindlichkeit zu. Gehorsam zu sein – das bedeutet, dem Leben verpflichtet zu sein in all seiner Lebendigkeit. Gelegentlich kann dies auch Machtlosigkeit bedeuten und das Aushalten von Ohnmacht – und das ist nicht immer leicht. Trotzdem – der Evangelische Rat des

Gehorsams hat absolut nichts mit Passivität zu tun, mit dem »Entgegennehmen von Befehlen«, die man dann treu und brav ausführt, ohne weiter darüber nachzudenken. Gehorsam zu sein in einem christlichen Sinne bedeutet, dem Wort Gottes verpflichtet zu sein, der Botschaft des Gottes, der das Leben will. Es bedeutet, hinzuhören, ruhig zu werden in dem Umtrieb des Lebens, um zu erkennen, was denn genau jetzt die Botschaft dieses Gottes an mich ist – und dann entsprechend zu handeln, gegebenenfalls auch gegen vorgegebene Hierarchien. Ein solches »Hören« und »Gehorchen« will Gott in mir ganz zum Zuge kommen lassen, will mich in den Dienst dieses Gottes hineinstellen – jeden Tag neu. Dazu braucht es Menschen mit Persönlichkeit, die sich freiwillig und selbstbewußt einer größeren Aufgabe hingeben, Menschen, die eben nicht zerbrochen oder abhängig von dem befehlenden Wort sind, Menschen, die hinhören können, gerade weil sie sich selbst gefunden haben.

»Armut« – auch das ein Wort, das heutzutage wohl eher Stirnrunzeln hervorruft, denn: Haben wir nicht schon genügend Arme unter uns? Und wer will schon gerne arm sein? Doch wir kommen an der Aussage der Bergpredigt nicht vorbei: »Selig die Armen …«

Geld spenden für Projekte in der sogenannten »Dritten Welt«, caritative Organisationen finanziell zu unterstützen, das ist vielen von uns vertraut und selbstverständlich. Trotzdem – dies allein ist nicht gemeint, wenn auch ein solch finanzielles Engagement nicht gering geachtet werden soll.

Armut – das bedeutet, das herzugeben, das zu teilen, was ich habe *und* was ich bin. Dieser Evangelische Rat will darauf hinweisen, daß nicht die Dinge mich haben sollen, daß ich mich nicht narzißtisch-verliebt meinem Wissen, meinen Fähigkeiten hingebe, sondern mich und meine Kompetenzen anderen zur Verfügung stelle. Mag sein, daß Geld da gelegentlich am wenigsten gefragt ist. Armut heißt Teilen – und ist die Absage an das »Haben«, sie will das »Sein«. Damit befreit die Armut den Menschen von Egoismus und Besitzdenken und setzt Energien frei für das wirklich Wichtige.

Jungfräulichkeit – auch das ist ein Begriff, der nicht leicht zu verstehen ist. Häufig wird er mit »Ehelosigkeit« übersetzt, damit aber würden alle Verheirateten von vornherein von dieser Form der Lebensgestaltung ausgeschlossen. Das Wort »Jungfräulichkeit« nähert sich dem, was mit diesem Rat gemeint sein mag, wohl eher an. Sich diesem Gott hingeben so wie Maria, die Mutter Jesu, sich hingegeben hat, bereit sein, in Erwartung leben, ohne dabei diese Erwartungen im vorhinein näher bestimmen zu können, offen sein für das Leben. Jungfräulichkeit – das ist eine Lebenseinstellung, die von Verheirateten wie von zölibatär Lebenden gleichermaßen gelebt werden kann. Es ist eine Haltung des Gottvertrauens, der Hingabe, der Absichtslosigkeit, der Offenheit. Es ist das »Ja« zu einem Weg. Zu einer solch verstandenen »Jungfräulichkeit« gehört die »Keuschheit« mit dazu. Sie steht für die Ehrfurcht vor allem Lebendigen, in mir und in anderen, will den behutsamen Umgang mit dem Leben, will das Schützenswerte behüten. Beides, Jungfräulichkeit und Keuschheit, sind kein »Nein« zur Sexualität, sondern laden im Gegenteil dazu ein, sie als Kraft des Leibes sinnvoll zu gestalten – und dies gilt für zölibatär Lebende genauso wie für Verheiratete.

Es sind lebensstiftende Botschaften, die in diesen Evangelischen Räten verborgen sind: Offenheit für das Leben, Hinhören und Handeln, Abgeben und teilen können, erwarten und sich hingeben können. Es wird nichts Übermenschliches von mir erwartet, ganz im Gegenteil – die Evangelischen Räte wollen zum Mensch-Sein befreien.

Diese Grundeinstellungen zum Leben bedürfen der Konkretionen, der Umsetzung in den Alltag hinein. Gastfreundschaft, mystisch und spirituell sein, teilen und sich beschenken lassen können, zärtlich sein und behutsam, die Sehnsucht und die Leidenschaft leben, den Menschen zu begegnen, Kranke und Verwundete zu pflegen und zu heilen, politisch sein und sich für das Leben einzusetzen – das mögen einige solcher Konkretionen sein.

Die Evangelischen Räte können dem Menschen nicht die Auseinandersetzung mit der Frage abnehmen: Was bedeutet mein christlicher Glaube für die Gestaltung meines Lebens? Es bleibt ein immerwährendes Bemühen, die Botschaft des lebendigen Gottes in konkretes Alltagshandeln zu übertragen – und Verfehlungen und Scheitern werden dabei nicht ausbleiben. Die Evangelischen Räte können aber wertvolle Wegweiser auf diesem Weg des Lebens sein – für alle Christen!

Segne uns, Gott

Gott

lege deinen Segen

auf mein Tun
und
auf mein Lassen

damit mein Tun
damit mein Lassen

zum Segen wird

für alle Geschöpfe
dieser Welt

zum Lob des Schöpfers

Amen

Es ist Zeit

da war
so viel

Licht und
Landschaften
Menschen und
Musik
Freude und
ein Lachen
Schmerzen und
Einsamkeit
Lust und
Enttäuschung
Erfolg
und Niederlage
Kraft und
Ohnmacht

jetzt

mich
zu mir
zurückziehen

neu
die Mitte
suchen
und
vielleicht

finden

Erst dann

Nicht länger
davonlaufen
durch
Reden
Machen
Tun

mich
in der Stille

Gott
stellen

mich
stillen lassen
von Gott

Ins Gerede gekommen

Pfingstmontag, der Feiertag, der ins Gerede gekommen ist – noch vor einigen Wochen hätte man wohl kaum einen Pfifferling für die Zukunft dieses Feiertages gegeben. Neben Fronleichnam und dem Buß- und Bettag war der Pfingstmontag lange Zeit dazu »auserkoren«, durch seine Abschaffung als staatlicher Feiertag die kommende Pflegeversicherung mitzufinanzieren.

Bei den Überlegungen dürften eher pragmatische als religiöse Überlegungen eine Rolle gespielt haben, der Pfingstmontag, die Pfingstferien, haben einfach einen höheren Freizeitwert als ein Feiertag mitten im November, der zudem so liegt, daß er sich kaum für einen Kurzurlaub eignet.

Der Pfingstmontag ist ins Gerede gekommen – schade, daß es dazu erst die Diskussion um die Pflegeversicherung brauchte. Ins Gerede zu kommen – das ist so pfingstlich, wie es denn pfingstlicher fast nicht mehr sein kann. Als der Geist Gottes in Jerusalem die Jünger und Jüngerinnen erfüllt, geben sie ihre selbstgewählte Zurückgezogenheit auf, gehen in die Öffentlichkeit, sprechen in fremden Sprachen, bezeugen Gott. Sie reden und kommen damit ins Gerede – »betrunken werden sie sein!«, so lautet ein Urteil der Menge.

In unserer Gesellschaft ist die Radikalität der christlichen Weihnachts- und Osterbotschaft zu einem netten Familienfest domestiziert worden, die Radikalität des Pfingstfestes dagegen wird vielleicht gerade auch von unseren Kirchen nicht mehr gesehen.

Pfingsten – das ist das Fest der Konsequenzen, das Fest mit der Botschaft, die zum Reden und Handeln einlädt, ja regelrecht dazu auffordert. Und vielleicht ist gerade das eine Erklärung dafür, warum wir dieses Fest so gerne aus unserem Bewußtsein verdrängen.

Pfingsten – das ist die Konstituierung von Kirche und damit der Auftrag Gottes an uns Menschen, seine Ideen, seine Botschaft, seine Werte und sein Verständnis von Leben in diese Welt hinein zu tragen und zu sagen. Kirche existiert nicht um ihrer selbst willen – sie will und soll dieser Botschaft Gottes dienen. Sie soll zum Leben befreien überall dort, wo Menschen mit dem Tod konfrontiert sind, wo Leben verkürzt wird, wo Menschen das Recht auf Leben abgesprochen wird, sie soll Menschen aus fremden und selbstgebauten Gefängnissen herausholen. »Ich bin gekommen, damit sie das Leben haben und es in Fülle haben!« – diese Botschaft Jesu ist eindeutig. Und hier gilt es, die Zurückgezogenheit aufzugeben, aus den Kirchen herauszukommen, auf die Straßen und Plätze zu gehen, die Dinge beim Namen zu nennen, zu handeln und zu tun – auch auf die Gefahr hin, dabei ins Gerede zu kommen. Wer sich für das Leben einsetzt, der wird und muß ins Gerede kommen.

Sich für das Leben einsetzen – konkrete Menschen, konkrete Situationen fallen mir ein: ein junger Mann, HIV-positiv, die Kräfte reichen zum Arbeiten nicht mehr aus, isoliert von der Gesellschaft und von seinen Freunden, alleine, einsam; die junge Frau, die keinen anderen Ausweg mehr sieht, als ihr Kind abzutreiben, weil durch die Schwangerschaft ihr eigenes Leben gefährdet ist; der Mann, dem mit 55 gekündigt wurde und in die Depression verfällt, weil er keinen Sinn mehr im Leben sieht; der

Priester, der eine Frau liebt – und diese Liebe vor der Öffentlichkeit verstecken muß; die junge Frau in der Psychiatrie, die etliche Selbstmordversuche hinter sich hat; das kleine Mädchen mit dem Gehirntumor, das aufgrund der Chemotherapie blind geworden ist; die geschiedene Frau, die wieder geheiratet hat, und sich in dieser Kirche nicht angenommen fühlt; die junge Familie, die den Versprechungen der Werbung erlegen und jetzt hoffnungslos überschuldet ist; die junge Studentin aus Ruanda, die seit Wochen ohne Nachricht von ihren Eltern ist – Beispiele über Beispiele und die Liste wäre fortzuführen.

Hier ist Kirche gefragt, sind Christen und Christinnen gefragt, ihre Zurückhaltung aufzugeben, sich einzumischen, in die Öffentlichkeit zu gehen, sich kundig zu machen, Rede und Antwort zu stehen – und zu handeln. Auf die Gefahr hin, damit ins Gerede zu kommen...

Es geht darum, Menschen zu ihrem Mensch-Sein zu befreien, sie dabei zu unterstützen, ihr Mensch-Sein leben zu können. Überall dort, wo der Zweck solchen Tuns ein anderer ist, wird er sich schnell entlarven. Dies gilt für Missionierungsversuche ebenso wie für das Interesse, einseitig gesetzte Definitionen, was dem Leben dient, durchzusetzen. Es gilt hinzuschauen, zuzuhören, mitzugehen, aktiv zu werden – ohne dabei den anderen zu entmündigen oder ihm sein Leben vorzuschreiben.

Pfingsten ist das Fest, an dem es eigentlich konkret wird. Sind die Hirten und Könige anläßlich der Geburt Jesu noch eher Zuschauer, so sind die Jüngerinnen und Jünger schon staunend-sprachlos Beteiligte beim Tod und der Auferstehung Jesu. Pfingsten aber, der Geist Gottes, bringt sie zum Handeln, sie brechen auf, gehen los, reden zu den Menschen, sie wirken Wunder, heilen...

Damals und heute – das war die Geburtsstunde von Kirche – und das Pfingstfest heute wäre eigentlich Grund und Anlaß, sich neu diesem Auftrag und Sinn von Kirche zu vergewissern. Es ist eben nicht nur ein »individuelles« Fest, sondern es ist auch ein »strukturelles«, ein gemeinschaftsstiftendes Fest, verbunden mit einem Auftrag für die Welt und in dieser Welt. Und nicht umsonst mag das Pfingstfest genau an der Schaltstelle zwischen dem 50tägigen österlichen Festkreis und dem »normalen Kirchenjahr« stehen. Jetzt geht es auch vom Kirchenjahr her gesehen wieder in den Alltag hinein.

Solche radikalen Gedanken und Aufforderungen mögen Angst machen – schaff ich das überhaupt? Kann ich das? Was will dieser Gott da von mir? Solche Fragen sind durchaus berechtigt und haben eine wachhaltende Funktion. Aber: Auch das ist Pfingsten – die Zusage Gottes, seinen Geist ausströmen zu lassen in uns, uns die Kraft für das zu geben, was zu tun ist. Es gilt, Abschied zu nehmen von der Angst, nicht zu genügen, zu versagen, sondern sich vertrauensvoll zu öffnen, loszulassen, sich liebend dem Leben hinzugeben.

Das ist die Einladung von Pfingsten – das ist radikal – und man kann fast sicher sein, daß man ins Gerede kommt, wenn man das tut. Aber vielleicht wäre es für uns und unsere Kirchen gar nicht so schlecht, wenn wir endlich mal wieder ins Gerede kämen...

Botschaft für Mitgänger

Aufbrechen
nicht am warmen Ofen sitzenbleiben

hingehen
dorthin
wo die Menschen sind
nicht warten
bis jemand kommt

anklopfen
und auf das »Herein« warten

unaufdringlich da sein
vielleicht sogar
nachgehen
da wo einer das Klopfen nicht hört

und dann
zuhören
ganz lange
zuhören
zu verstehen versuchen
fragen
behutsam
aufmerksam

und nicht schon
die Antwort wissen

schweigen
bedenken
aushalten
zulassen

das Dunkel
die Not
die Fragen
die Resignation
die Gleichgültigkeit
sich nicht erschrecken lassen
aber auch nicht anstecken
sich nicht klein machen
und doch um die eigenen Grenzen wissen
liebevoll zugewandt
und doch sich selbst treu bleibend
hoffen
und doch nicht vertrösten
dabei sein
und doch einen anderen Blickwinkel anbieten
die Hand reichen
aber sich nicht vereinnahmen lassen
antworten dann
wenn es gefragt ist
und doch das Anders-Sein des Anderen achten
meine Antworten müssen nicht
seine, ihre Antworten sein
weinen
aber auch lachen
beides zu seiner Zeit

bestätigen
und konfrontieren
eine zarte Geste
eine unbequeme Frage
zupacken
wo's nötig ist
Kopf, Herz und Hand
eine Geschichte erzählen
vielleicht sogar
meine Geschichte

und dann
wieder gehen
lassen

deinen Weg
und
meinen Weg

Einladung

Es gibt Zeiten
da gilt es
das Leben zu feiern
das überstandene Dunkel
ein neues Buch
einen Geburtstag

Es gibt Zeiten
da gilt es
mit den Gefährten zu rasten
Brot und Wein zu teilen
sich der Schritte zu erinnern
die gegangen sind

Es gibt Zeiten
da gilt es
von Träumen zu erzählen
um kraftvoller Visionen
zu schaffen
sich Mut zu machen
für den Weg

Es gibt Zeiten
da gilt es
einen langen Atem zu haben
und der Hoffnung
trotzdem
zu trauen

Fronleichnam

Brot
ist nicht
zum Anschauen da
sondern zum Essen

Brot
gehört nicht in silberne Gefäße
sondern auf den Küchentisch
gehört nicht in einen
verschließbaren Tresor
sondern zu den Menschen

und wenn das Brot
zu den Menschen gehört
dann nutzt es nichts
das Brot würdig zu behandeln
wenn ich gleichzeitig
die Menschen
entwürdige

Prozession

Gott
zu den Menschen
bringen

und nicht
die Menschen
zu Gott

Wo gehst du hin?

Titel eines Liedes von Herman van Veen

Es ist schon einige Jahre her, aber ich erinnere mich noch gut an diese kleine Szene: Zusammen mit zwei Theologiestudenten hatte ich einen Meditationsgottesdienst vorbereitet. Anschließend luden mich die beiden noch in das Wohnzimmer ihrer Wohngemeinschaft ein, wo eine Runde angehender junger Theologen und Theologinnen zusammensaß und heftig und engagiert über Gott und die Welt, vor allem aber über die Kirche, debattierte. Die Betroffenheit war verständlicherweise groß – schließlich hatten diese jungen Menschen mit ihrer Studien- und zukünftigen Berufswahl auch eine zumindest vorläufige Entscheidung für die Kirche getroffen. Und das ist nicht immer einfach...

Plötzlich fragte einer: »Kennt ihr schon das neueste Kirchenlied?« – und bekam dabei einen ganz verschmitzten Gesichtsausdruck. Wir schauten ihn neugierig an. Er holte eine Kassette und schaltete den Recorder ein – und auf vollster Lautstärke erklang: »Dann hebt sie ab und völlig losgelöst von der Erde...« Der Rest des Refrains ging in schallendem Gelächter unter. Das Lied von Peter Schilling bekam auf einmal in diesem Kontext eine ganz neue Bedeutung... »Dann hebt sie ab und völlig losgelöst...« Und manchmal, bei der einen oder anderen offiziellen Verlautbarung dieser Kirche fällt mir diese Szene wieder ein, und ich muß unweigerlich schmunzeln.

Einige Wochen darauf fand ich in einer Schweizer Zeitschrift genau das entgegengesetzte Bild, das mich seitdem nicht mehr los läßt. Dort las ich den Satz: »Gott ist erdig geworden.« Gott ist erdig geworden – eine Idee wird geerdet, schlägt Wurzeln in den Menschen, beginnt zu wachsen und sich auszubreiten. Aus Traum und Utopie wird etwas Handgreifliches, Bodenständiges. Und genau das wünsche ich mir eigentlich für unsere Kirche...

Gott ist erdig geworden – da sehe ich aufgebrochenen, dunklen Ackerboden vor mir, ich rieche die Erde, spüre, wie sich Hände in den Boden eingraben, die Krume lokker durch die Finger rieselt. Gott wird erdig – das ist die Idee von Kirche.

Die Erde, zu der Gott wird, sind Menschen, sind Gemeinden, in denen Glaube lebt, ausgerichtet auf das Leben. Und Gott wird erdig durch den Geist, der erfüllt und entflammt und Herzen zum Brennen bringt. Wer von diesem Geist erfüllt wird, der fragt nicht mehr lang und wird nicht mehr gefragt. Der Geist wirkt und zeigt sich im Handeln, nicht im Zuschauer-Sein. Wer begeistert ist, packt zu, läßt Kirche nicht sein, sondern werden.

Sich noch länger herauszuhalten, seine Sprachlosigkeit zu pflegen, sich in die Geborgenheit schützender Mauern zurückzuziehen, sich gegenseitig an Gottes große Taten zu erinnern ohne zugleich Zeugnis davon in Wort und Tat zu geben – das geht nicht mehr.

Sich so von diesem Geist Gottes erfüllen zu lassen, das ist anstrengend, ja. Aber möglicherweise ist es noch anstrengender, sich dagegen zu wehren. Es braucht viel Kraft und Energie, die Mauern so zu verstärken, daß der Heilige Geist nun wirklich nicht mehr eindringen kann. Und dann wohnt die Angst in diesen Mauern, aber nicht der Geist der Freiheit.

Eine Kirche, die sich hinter Mauern versteckt, eine Kirche, die nicht geerdet ist, die die Wirklichkeit der Welt nicht mehr wahrnimmt, die ist tatsächlich »völlig losgelöst«, aber sie ist keine Kirche im Sinne Gottes.

Kirche ist das Geschenk Gottes durch seinen Geist, deshalb kann sie auch nicht durch Strukturen oder Organisation »gemacht« werden. Sie mögen unterstützen und helfen, gelegentlich auch verhindern, aber Kirche sind zuerst einmal die Menschen. Und ohne Gemeinden, in denen sich solche Menschen zusammenfinden, kann es keine Kirche geben. Deshalb ist Kirche nicht fertig, sondern wird – nicht im Sinne von »gemacht« werden, sondern indem man ohne Angst das Wirken des Heiligen Geistes zulassen kann, sich nicht länger hinter dicken Mauern versteckt. Die Zusage Jesu gilt: Ihr werdet die Kraft des heiligen Geistes empfangen, der auf euch herabkommen wird.

Kirche, wo gehst du hin?

Grenzgänger

zwischen
den Welten

hin
und her

nicht
seßhaft

da
und dort

hinschauen
hinhören

erzählen
vom anderen

Botschaften
weitersagen

Proteste
übermitteln

Verständnis
wecken

Fremdes
vertraut machen

mich selbst dabei
riskieren

eigene Grenzen
überwinden

Grenzen anderer
achten

im Wechsel
daheim

in Gott
zuhause

Niemandsland

nicht hier
und
nicht dort

und noch
hier
und schon
dort

zerrissen
zwischen
gestern
und morgen

das heute
zu leben
versuchen

Grenzgänger

heimatlos

Im Reich Gottes wird es keine Kirchen mehr geben . . .

Mir ist Kirche wichtig. Und das meine ich erst mal genauso allgemein, wie es da steht.

Meine Geschichte bindet mich an die römisch-katholische Kirche, in die mich meine Eltern haben taufen lassen. Und in dieser Kirche bin ich aufgewachsen, groß geworden, ich habe mich in ihr engagiert, ich war oft verzweifelt wegen ihr und hasse sie vielleicht manchmal sogar, und ich liebe und schätze sie.

Ein ziemliches Durcheinander – aber so ist es nun mal mit meiner Beziehung zu dieser Kirche.

Und das Durcheinander geht weiter: Kirche – das ist für mich der Papst und der Erzbischof von Freiburg, aber das ist auch die Gemeinde in Klein-Winternheim, das sind die Freunde, die mit mir auf dem Weg sind, suchend, fragend, hoffend, träumend, handelnd – und das sind aber auch Menschen, die mit dieser offiziellen Kirche gebrochen haben, und trotzdem ihren Glauben an diesen Gott des Lebens tagtäglich in ihren Alltag umzusetzen versuchen.

Manchmal habe ich selbst in diesem Durcheinander nicht mehr durchgeblickt – und manchmal hat mich diese Ratlosigkeit sehr aggressiv gemacht. Die Hilflosigkeit und die Ohnmacht, die ich auf ein so mächtiges System hin empfand, haben mich gelähmt und verunsichert. Und ich war traurig und enttäuscht, daß diese Institution Kirche in ihrem alltäglichen Leben hinter so vielem zurückblieb, was sie selbst tagtäglich als Weisung fürs Leben verkündete, daß sie so wenig von dem einlöste, was mir in den vergangenen Jahren in und an meinem Glauben wichtig geworden ist . . .

Ich habe lange gebraucht, bis ich den Unterschied erkannte zwischen Glauben und Kirche, den Unterschied zwischen Ziel und Weg. Kirche ist ein Weg zum Glauben, ein Weg zu Gott, ein Vehikel, eine Möglichkeit, um die revolutionäre Botschaft der Befreiung zum Leben zu entdecken. Aber Kirche ist nicht das Ziel...

Ich persönlich habe die Botschaft der Befreiung zum Leben in dieser Kirche entdeckt. Menschen, Worte, Zeichen, Gesten – lebendige Kirche! Durch diese Kirche bin ich zu der geworden, die ich heute bin – und dafür bin ich dankbar. Wenn ich an diese Kirche denke, dann fallen mir zuallererst Menschen und Freunde ein, die ich in dieser Kirche kennengelernt habe. Und so denke ich, sollte Kirche eigentlich sein: Wenn man an Kirche denkt, fallen einem Menschen ein. Ich könnte sie namentlich aufzählen, sie haben mich zu diesem Gott und dem Glauben hingeführt – und ich brauche sie auch heute als Weggefährten und Weggefährtinnen, als Menschen, denen ich mich verbunden fühle im Glauben. Sie habe ich in dieser Kirche getroffen.

Bei der Begegnung mit Amtsinhabern in höherem Sinne, Kirchenverwaltung (so notwendig sie sein mag) oder dem Lesen von Verlautbarungen des Päpstlichen Stuhls fühle ich mich selten in meinem Glauben bestärkt.

Es ist der spontane Anruf bei einem Freund, dem ich erzählen kann, daß es mir derzeit nicht gutgeht. Und da erlebe ich christliche Gemeinschaft, wenn er sich zwischen zwei Terminen einfach zehn Minuten Zeit nimmt, mir zuzuhören, mir Mut zu machen, mit mir Perspektiven zu erarbeiten. Es ist der Brief der Freundin, die schreibt:

»Schön, daß es Dich gibt!« Es ist die Begegnung mit Freunden im Gottesdienst und ein aufrichtiger Friedensgruß. Es sind vor allem Menschen, wenn ich an Kirche denke...

Kirche lebt dann, wenn sie sich aufs Leben, auf die Religion bezieht, auf den Glauben, auf ihren Ursprung, wenn sie einen Weg zum Leben weist.

Kirche lebt dort, wo sie im Zeichen des Glaubens Menschen miteinander in Beziehung bringt, Leben zeugt, und sich gleichzeitig in Gott loslassen kann.

Kirche ist tot, wo sie sich auf Dogmen und Gesetze beruft, wo sie die Autorität eines Systems in Anspruch nehmen muß, um überzeugend zu sein.

Kirche ist Weg, nicht Ziel des Glaubens. Sie soll Glauben ermöglichen, nicht bremsen. Es geht deshalb nicht darum, Kirche in sich zu perfektionieren, sondern Kirche als Weg zum Glauben optimal zu nutzen.

Entscheidendes Kriterium dafür ist wohl die Frage, ob Kirche Menschen zum Leben befreit oder ihnen nur neue Fesseln auferlegt.

Für mich war und ist diese Kirche Weg zum Glauben, Weg zur Befreiung aus eigenen und fremden Fesseln – durch die Begegnung mit Menschen.

Ich bin nicht immer glücklich mit dieser Kirche – aber ich halte sie nach wie vor für einen Weg, an dem ich Menschen treffen kann, die zum Leben befreit werden wollen und die bereit sind, mich zum Leben zu befreien.

Wenn Kirche nur dazu hilft, dem einen oder anderen einen solchen Weg zu zeigen, wenn Kirche Katalysator zum Leben sein kann – dann hat sie ihr Ziel erreicht.

Im Reich Gottes wird es keine Kirchen mehr geben – wenn das Ziel erreicht ist, braucht es den Weg nicht mehr. Kirche ist vorübergehend...

Priesterinnen (r. k.)

Ich danke
dem Papst
für das klärende Wort

es gibt Dinge
die sind wirklich
so selbstverständlich

daß man
nicht mehr
darüber reden muß

Sehnsucht

Komm!
füll mich!
gib mir Kraft!
schenk mir Mut!
setz mich in Brand!
laß das Wasser des Lebens sprudeln!

gieße aus deinen Geist!

nimm meine Angst
nimm meine Sprachlosigkeit
nimm mein Zaudern
nimm meine Unsicherheit
nimm meine Einsamkeit

nimm mich

und
gib mir

unendliche
Sehnsucht

Leidenschaftlich gelassen – gelassene Leidenschaft

Leidenschaft und Gelassenheit – ein Spannungspaar, das manchmal schwer in die richtige Balance zu bringen ist. Dies gilt für den ganz normalen Alltag in Schule, Beruf und Familie, aber auch für unsere Kirche.

Manche Menschen sind eher leidenschaftlich veranlagt: Sie engagieren sich mit allen Kräften in Pfarrgemeinde, Verein oder Partei und opfern ihre gesamte Freizeit dafür auf, sie verschreiben sich mit ganzem Herzen einer Idee und kämpfen für deren Umsetzung, oder verausgaben sich so in ihrem Beruf, daß sie für anderes keine Kraft mehr haben. Gelegentlich sind solche Menschen in der Gefahr, sich so leidenschaftlich für etwas einzusetzen, daß sie sich in diesem Engagement regelrecht verlieren können, ganz darin aufgehen, sich nicht mehr lösen können.

Andere Menschen haben es eher mit der Gelassenheit. Sie gehen die Dinge ruhiger an, lassen gelegentlich einmal fünf gerade sein, können auch mal nur zuschauen oder etwas liegenlassen. Manchmal aber verpassen sie den Punkt, an dem es wichtig wäre, sich zu engagieren, weil sie davon ausgehen: »Ach, wird schon nicht so wichtig sein …«

Denken, sprechen und handeln leidenschaftlich geprägte Menschen eher mit »Ausrufezeichen«, so ist den Gelassenen der »Gedankenstrich« sympathischer. Leidenschaft und Gelassenheit aber sind Zwillinge, sie gehören zusammen und dürfen nicht gegeneinander ausgespielt werden. Die Leidenschaft braucht die Gelassenheit, um sich selbst nicht zu verlieren, die Gelassenheit braucht die Leidenschaft, um wirkungsvoll zu sein. Und gerade die Spannung zwischen beiden ermöglicht Leben, ja bürgt für Lebendigkeit. Gelassene Leidenschaft, leidenschaftliche Gelassenheit... – auch das könnte dabei helfen, heute in unserer Kirche nicht nur zu überleben, sondern sogar »in Fülle zu leben«, trotz und gerade wegen...

Heilung

Dunkel
umfängt mich

ängstigt
lähmt

kriecht
in mich rein

droht
und packt

ergreift
und fesselt

der Schrei
verstummt

wehrlos
die Hand

Phantasien
zügellos

trotzdem

jetzt

die Augen
auf
machen

hinschauen

genau

ganz genau

all das Dunkel
anschauen

voller Angst
voller Ohnmacht
voller Schwäche

hin
schauen

an
schauen
das Dunkel

mich

mich
im Dunklen

und
mich
nicht
länger
verstecken

es
tut
weh

das
Hinschauen

ich
muß
durch
den Schmerz
hindurch

mich
schmerzen
lassen

genau
hinschauen

und

mitten
im Dunkel

plötzlich

ein Grau

und
ein
Licht

Die Chance

Durchkreuzt
meine Pläne
und Hoffnungen

ahnend um Schmerz
und Einsamkeit

ringe ich
nach Worten

versuche
festzuhalten
festzuschreiben

überlasse mich
der Sprachlosigkeit

ergebe mich
Schmerz und Hoffnung

begehre auf
und will nicht

sage
ich kann nicht

und bin
doch
hoffnungslos

verliebt

Halbherzigkeit ist nicht gefragt

Ein wenig mehr Leidenschaft und Gelassenheit – das täte auch den Christen und Christinnen in der Kirche gut. So gegensätzlich die zwei Begriffe auch sein mögen, die Quelle für beides ist die gleiche – der Glaube an einen Gott, der das Leben will. Das ist einerseits radikal und existentiell zugleich – aber andererseits auch befreiend und erlösend. Halbherzigkeit ist keine christliche Tugend...

Wer sich wirklich auf diesen Gott einläßt, für den mag sich die Welt auf den Kopf stellen. Leidenschaftlichkeit ist angesagt – mit ganzem Herzen, mit ganzer Seele, mit allen Fasern meines Körpers mich einlassen auf das Leben, auf diesen Gott. Live – und nicht aus zweiter Hand, nicht per Fernsehen und Video, nicht durch Bücher und Erzählungen – sondern selbst leben. Mit allen Höhen und Tiefen, mit Einsamkeit und Freundschaft, Krankheit und Tod, Glück und Zufriedenheit, mit Weinen und Lachen, jetzt und hier leben, nicht gestern oder morgen oder sonst irgendwann – sondern jetzt das Leben spüren, verschmecken, auskosten, mit all dem, was uns lebendig macht. Ein bißchen glauben, ein bißchen leben – das geht nicht.

Vielleicht ist es eine Furcht vor solch einer Radikalität, vor solch einer Betroffenheit, die manchmal Menschen dazu bringt, das Leben an andere und anderes zu delegieren: an irgendwelche Experten, an Königsfamilien, an das Fernsehen, an Bücher – und dann stehen sie neugierig da und gucken, wie es den anderen wohl damit ergehen mag. Sie nehmen nicht mehr teil, sondern sind Zuschauer geworden – sie leben im Mittelmaß ohne Höhen und Tiefen und wundern sich dann noch über das Gefühl von Lebensverdrossenheit und Langeweile. Mit Christ-sein hat dies absolut nichts zu tun – Christsein will Leidenschaftlichkeit.

Gleichzeitig aber ist auch die Gelassenheit gefragt. Gerade weil es einen Gott gibt, dem ich mich überlassen kann, der mich von allen Fesseln befreit, der in diese Welt und auch in diese Kirche hineinwirkt, darf ich loslassen. Weil es dieses »Absolute« in meinem Leben gibt, darf und kann ich relativieren. Mein Handeln ist gefragt – aber auch mein Glaube, daß mein Handeln nicht das Letztendliche ist. »Arbeite, als ob alles von dir abhinge – und bete, als ob alles von Gott abhinge«, so sagte es sinngemäß Ignatius von Loyola, der Gründer des Jesuitenordens. Die Benediktiner haben genau diese Lebensweisheit zu ihrem Ordensspruch erhoben: »Bete und arbeite«. Und nichts anderes möchten die Brüder von Taizé mit ihrem Wort von »Kampf und Kontemplation« sagen oder Paul Zulehner mit »Mystik und Politik«.

Sich leidenschaftlich für das Leben einsetzen, zupakken, Hand anlegen, dabei sein mit ganzem Herzen – und auch wieder loslassen können, mein Engagement Gott übergeben, mich gelassen in das größere Ganze hineinstellen können – wenn es gelänge, diese Spannung ein bißchen besser zu gestalten, vielleicht täten wir uns dann auch mit unserer Kirche ein wenig leichter.

Leichtigkeit

spielerisch
kreisen

anmutig
fliegen

kraftvoll
wirbeln

bestaunt
fasziniert

beneidet
beklatscht

bewundert
einsam

weiß nur
der Tänzer

um Tränen
und Schmerz

Sündenböcke

der rotsamtene Klingelbeutel
läuft vornehm durch die Reihen

dezent der Ton
wenn das Geldstück fällt
und Scheine knistern

und der Gesang ist ja auch
ganz schön

während dessen
zahlen
elf junge Männer
mit ihrem Leben

Der Text entstand anläßlich einer Diakonenweihe

Lieber Freund,

am kommenden Sonntag wirst Du also nun Deiner vorerst letzten Eucharistiefeier als Priester vorstehen. Du hast Dich entschieden, Dein Amt aufzugeben, weil Du nicht mehr offizieller Repräsentant dieser Kirche sein kannst und sein willst.

Vor Jahren hätte ich noch sehr spontan gesagt: Ich verstehe Dich. Heute halte ich eine solche Aussage für eine Anmaßung, die Dich eher verletzen würde. Ich glaube, ich kann nur einen kleinen Bruchteil dessen erspüren, was dieser Schritt für Dich bedeutet, was an persönlicher Lebens- und Glaubensgeschichte dahinter steht. Ich weiß, Du hast Dir Deine Entscheidung nicht leicht gemacht. Priester zu sein, das bedeutet Dir viel – und Du bist gerne Priester.

So habe ich Dich auch in all den Jahren, in denen wir uns kennen, erlebt: Überzeugt, engagiert, glaubhaft – und sehr authentisch orientiert am befreienden Wort des Evangeliums. Mit Dir habe ich die Kirche erlebt und gefunden, von der ich träume, eine Kirche, die zum Leben befreit – und die nicht einengt und die Luft abschnürt.

Und jetzt siehst Du keine andere Möglichkeit mehr, als Dein Amt aufzugeben, diese offizielle Kirche zu verlassen. Mir tut es unsagbar weh, daß Du gehen mußt. Ich denke, der Schritt stimmt für Dich, und ich glaube, es ist richtig, daß Du ihn gehst. Dein Glaube hat Dich aufgerichtet, Du bist aufrecht. Deshalb kannst Du Dich auch mit dem Gegebenen nicht mehr abfinden. Und das kann ich verstehen, daß Du dann lieber gehst, bevor Du zum Spielball der Bürokratie wirst, Deine Ideen von Pastoral verraten mußt, weil Du vier Gemeinden gleichzeitig begleiten sollst, zum Manager wirst statt Seelsorger sein zu können.

Eigentlich bin ich froh, daß bei Deiner Entscheidung keine Beziehung zu einer Frau ausschlaggebend war. Das Verdrängungsmuster »der hat halt das Zölibat nicht gepackt« ist mir zu einfach. Und die Gerüchteküche ist immer dort besonders exzellent, wo es sich um tabuisierte Themen dreht wie z. B. Sexualität.

Du verstehst Deinen Schritt auch als »Zeichen« – aber ich fürchte, er wird so nicht ankommen bei den zuständig Verantwortlichen. Und manchmal frage ich mich, wieviele müssen eigentlich noch gehen, damit die Entscheidungsträger in dieser Kirche endlich aufwachen? Das sind Momente, in denen ich mich sehr ohnmächtig fühle...

Es müßte nicht sein. Ein wenig mehr Flexibilität, ein bißchen weniger Angst, Vertrauen zum Geist Gottes statt ängstliches Festhalten dessen, was war, Mut zum Neuen, zum Probieren, statt Dogmen und Konventionen...

Unser Glaube hat soviel Befreiendes zu bieten, warum nur merkt man manchmal grad in unseren Kirchen so wenig davon?? Statt Lust am Leben zu machen, verbringen wir unsere Zeit auf Sitzungen und Konferenzen, bei denen wir das Leben zu verwalten versuchen. Statt kraftvoll die Herausforderungen der Zeit anzunehmen und sich mit ihnen auseinanderzusetzen, dümpeln wir in den Themen des vergangenen Jahrhunderts umher, ersinnen immer noch bessere Methoden, um alles beim Alten zu lassen, setzen auf Sicherheit und Besitzstandswahrung.

Wir trauen unseren Träumen nicht, glauben nicht den biblischen Visionen, die so wichtige Leitbilder sein könnten für eine Kirche und Gesellschaft der Zukunft – wir verwalten und ziehen Kirchensteuer ein. Wir machen derzeit keine Lust auf das weite Meer, wie es Saint-Exupéry so schön gesagt hat – wir bauen grad die Häfen aus.

Wenn ich das so durchdenke, dann packt mich der Zorn. Was wäre eigentlich alles möglich, wenn wir unsere Kraft in dieser Kirche nicht in soviel Unsinniges und Überflüssiges stecken müßten? Wie viele Konferenzen und Sitzungen sind eigentlich absolut überflüssig, weil sie nichts, aber auch gar nichts zur Befreiung zum Leben beitragen? Evangelisierung erfolgt nicht über das Papier, sondern durch das Leben. Und wieviel Zeit läßt diese Kirche Euch als Priestern noch zum Leben? Und warum müssen solche Menschen wie Du diese Kirche verlassen, weil sie in ihr nicht mehr atmen können?

Es sind Fragen, die ich derzeit nicht beantworten kann, aber die ich zumindest stellen möchte.

Sie nehmen mir nichts von dem Gefühl, daß ich es abgrundtief schade finde, daß Du gehst. Aber vielleicht ist es notwendig. Erinnerst Du Dich – wir haben mal an einem Abend über die Chaostheorie gesprochen. Und daß es Konstellationen geben kann, bei denen der Flügelschlag eines Schmetterlings in Australien ausreicht, um in Nordamerika einen Wirbelsturm zu erzeugen. Mag sein, daß Du der 387. Schmetterling bist und daß erst der 823. mit einem Flügelschlag das System umkippen läßt. Mag sein, daß der 387. Schmetterling allein deswegen wichtig ist.

Das nimmt nichts von meiner Trauer, von Deiner Betroffenheit. Trotzdem: Ich bin froh drum, daß ich auch zukünftig um Dich als Mitstreiter weiß für eine bessere Welt. Wie hat es Leonardo Boff in seinem Abschiedsbrief gesagt: Das Ziel bleibt das gleiche, der Weg wird ein anderer.

Möge es ein guter Weg für Dich werden – und sage mir und uns die Wegbegleitung nicht auf!

Companero

du

gehst
deinen Weg

und
mein Weg
ist ein anderer

ich
fühl mich
verlassen
und
verlasse dich

und
es tut

unsagbar

weh

Geschenk

endlich
in Worte
gebracht

deine Angst
deine Wunden
deine Verzweiflung
deine Wünsche
deine Sehnsüchte

du machst dich
verletzbar

du
zeigst dich

du
traust dich
mir zu

Nein

ich will
nicht mehr

ich kann
nicht mehr

ich bin
am Ende
meiner Kraft

willst du mir
das

jetzt

wirklich
auch noch
zumuten

ich habe
nur noch

fünf Brote
und zwei Fische

Auferstanden

durch das Dunkel
meiner Trauer

durch die Wunden
der Verlassenheit

durch das Sterben
meiner Hoffnungen

ein neuer Traum

ein herausfordernder
Weg

der nächste Schritt

Leben

Wir brauchen den langen Atem

Pfingsten – das ist das Fest des Geistes Gottes. Dies scheint schwer greifbar zu sein – auch das Neue Testament bedient sich der Bildersprache, wenn es diesen Geist Gottes beschreibt: von einem Brausen ist da die Rede, von Feuerzungen und daß die Jünger und Jüngerinnen in fremden Sprachen reden – Bilder, die uns heute wohl auch eher fremd sind.

Der Geist Gottes – das ist das Geschenk Jesu an seine Freunde. Die Männer und Frauen, die Jesus gefolgt sind, ihre Hoffnungen auf ihn gesetzt haben, sind durch seinen Tod und seine Auferstehung in ihrem herkömmlichen Denken, in ihrem alten Weltbild wohl vollkommen erschüttert worden. Und die Begegnungen mit dem Auferstandenen, schließlich sein Abschied von ihnen, werden auch eher ihren Teil zur Verunsicherung beigetragen haben als neue Orientierungshilfen zu geben. Jesus schenkt seinen Freunden keine Sicherheiten, er verkündet keine Dogmen, baut keine Verwaltung auf und hinterläßt kein Papier. Er sendet statt dessen den Geist Gottes – eine neue Dimension des Lebens.

Mit diesem Geist Gottes hört jeder die Jünger in seiner Muttersprache reden – er kann sie verstehen. Der Gedanke an den Turmbau zu Babel drängt sich da auf, an diesen alten Mythos, der wohl eine Erklärung dafür sein will, warum es verschiedene Sprachen, verschiedene Völker gibt. Diese Geschichte weiß, daß die Menschen einmal alle die gleiche Sprache hatten und die gleichen Worte gebrauchten. Sie spürten ihre Macht, und als Zeichen dafür wollten sie einen Turm mit einer Spitze bis zum Himmel bauen – nichts ist uns unerreichbar, wir sind die Herren der Schöpfung. Sie brauchten diesen Gott nicht, um ihr Vorhaben in die Tat umzusetzen – sie fühlten sich alleine mächtig genug... Und, wie der alte Mythos weiter erzählt, Gott schaut sich dieses Treiben der Menschen an und weiß, nichts wird ihnen unerreichbar bleiben, wenn sie ein Volk sind, eine Sprache haben. Das aber wäre die Abschaffung Gottes. Und so schreitet Gott ein, indem er ihre Sprache verwirrt, so daß keiner mehr den anderen versteht.

Dieser uralte Mythos ist hochmodern – noch immer meinen viele, für den Menschen ist alles machbar, und so bauen sie eifrig an ihrem Turm, dessen Spitze in den Himmel reichen soll. Und noch immer verstehen die Menschen einander nicht, sprechen nicht die gleiche Sprache. Selbst wenn sie die gleichen Wörter benutzen, so meinen sie doch Unterschiedliches – auch in unserer Kirche. Mancher, der Liebe sagt, meint Macht, mancher, der Leistung sagt, meint Geld, mancher, der Moral sagt, meint Zwang...

Dagegen setzt Jesus das ganz Andere – den Geist Gottes. Das Pfingstfest ist die Zusage Gottes an die Menschen, daß es eine Sprache, ein Volk geben kann – wenn die Menschen nicht meinen, alles selbst machen zu müssen, allein groß und mächtig zu sein –, sondern wenn sie sich auf die Botschaft des Auferstandenen einlassen und sich beschenken lassen können in einem aktiven Sinn. Deshalb kann bei dem geschilderten Pfingstereignis jeder die Jünger mit dieser Botschaft verstehen und, wenn er will, sich darauf einlassen. Es ist tröstlich, daß auch damals schon manche ihren eigenen Abwehr- und Verdrängungsmechanismus entwickelten und die Jünger kurzerhand als »betrunken« bezeichneten. Mancher, der ein Narr zu sein scheint, mag die Wahrheit sprechen... wenn auch nicht jeder, der närrisch spricht, den Geist Gottes haben mag...

Die Wirkung wird es erweisen – der Geist Gottes ist etwas, das wohl eher in mittel- und langfristigen Kategorien zu denken ist – und vielleicht könnte der Geist Gottes etwas mit dem langen Atem zu tun haben, der notwendig ist, um heute in dieser Kirche und dieser Gesellschaft den eigenen Träumen treu zu bleiben. Der Geist Gottes wirkt auf eine mächtige und sanfte Art zugleich, in seiner Zärtlichkeit ist er fast unwiderstehlich – wenn man ihn läßt.

Beim Propheten Ezechiel ist eine schöne Beschreibung zu finden, wie der Geist Gottes wirkt – Gott führt den Propheten über eine Ebene voller Gebeine. Und Gott befiehlt dem Propheten, zu sagen: So spricht Gott, der Herr: Ich selbst bringe Geist in euch, und dann werdet ihr lebendig. Und der Prophet spricht zu den Gebeinen – und sie rücken zusammen, Sehnen sind plötzlich da, Fleisch umgibt sie und Haut überzieht sie. Noch aber ist kein Geist in ihnen – und so befiehlt Gott dem Propheten, zum Geist zu reden und ihm zu sagen: So spricht Gott, der Herr: Geist, komm herbei von den vier Winden! Hauch diese Erschlagenen an, damit sie lebendig werden. Und Ezechiel spricht – und in die Erschlagenen kommt der Geist.

Es braucht beides – den Geist Gottes und den Menschen, der diesen Geist in Sprache bringt. Es braucht das Wirken des Geistes und den Menschen, der aktiv das Wirken zulassen kann. Der Geist ist uns zugesagt – möglicherweise fehlt es an den Menschen, die ihn und sein Tun in sich zulassen können. Wenn beides zusammenkommt – dann kann alles Tote wieder lebendig werden, das Tote in unserer Welt, das Tote im Menschen, das Tote in mir... das ist die Vision von Pfingsten. Der Geist ist uns versprochen – jetzt braucht es mich, um das Tote lebendig zu machen. In diesem Sinne ist Pfingsten ein Fest mit Konsequenzen.

Die Vision ist zu überwältigend: Durch den Geist Gottes wird die Verwirrung und Zerstreuung der Völker aufgehoben – man spricht miteinander die eine Sprache... Verteidigung wäre nicht mehr notwendig, wir könnten militärisch und seelisch abrüsten, es gäbe keine Mißverständnisse mehr – wieviel Zeit, Kraft und Energie könnte man sparen, um sie der Lösung der wirklichen Probleme zugute kommen zu lassen. Eine Vision, gewiß – aber haben nicht gerade Visionen in unserem Glauben schon immer traditionsgemäß einen festen Platz? Eine solche Vision kann wegweisend sein für die kleinen Schritte des Alltags, das allein schon macht sie wichtig. Sie kann Hoffnung geben in Situationen und zu Zeiten, in denen aufgrund äußerer Bedingungen Hoffnung eigentlich nicht angesagt ist. Dorothee Sölle übersetzt einen Vers aus den Sprüchen des Alten Testaments mit: Ein Volk ohne Vision geht zugrunde. Könnte es sein, daß wir heute in unserer Kirche keine Visionen mehr haben, den alten Visionen nicht mehr trauen?

Der Geist Gottes zeigt sich nicht nur in Visionen – aber dort, wo Visionen keinen Ort haben, kann auch der Geist

Gottes nicht sein. Ich darf die Realität nicht gegen die Vision ausspielen, nicht das eine mit dem anderen totschlagen. Realität und Vision wollen gleichzeitig gelebt sein. Nur mit der rauhen Wirklichkeit konfrontiert zu sein, ließe mich zugrunde gehen – nur in meinen Träumen von einer anderen Welt zu leben, machte mich lebensunfähig. Es braucht die Spannung zwischen dem Geschenk und der Zusage der Vision einerseits und meinem Handeln und Tun in der Wirklichkeit andererseits.

Die Männer und Frauen, die Jesus gefolgt sind, haben nach seinem Abschied miteinander in einem Zimmer einmütig im Gebet verharrt, der Geist Gottes ließ sich Zeit. Es braucht seine Zeit, bis Visionen zum Tragen kommen, es braucht die Geduld und die Ausdauer, mitzumachen, dann wird sich möglicherweise in kleinen Schritten etwas ändern... Dieser Pfingst-Geist, der Geist Gottes, ist auch der Geist des langen Atems...

Herr, erbarme dich

Herr, erbarme dich
wende dich mir zu, oh mein Gott
schau mich an
streck deine Arme aus
reich mir deine Hand

damit ich mich
  dir zuwenden
  dich anschauen
  meine Arme ausstrecken
  dir die Hand reichen kann

erbarme dich, Gott
  sei bei mir
  wenn ich einsam bin
  verlaß mich nicht
  wenn ich das Leben verfehlt habe

schau mich an

wenn du mich anschaust
kann ich mich anschauen

Jetzt gerade

In dieser Stunde
in dieser Minute
jetzt

leben

ahnen
spüren
mir trauen
sein

suchen
finden
vielleicht

atmen
fließen
in Bewegung sein
Rhythmus
des Lebens

lebendig sein
ohne wenn und aber

Trotzdem

Schlechte Nachrichten

erneut wurden Luftangriffe geflogen
die Verhandlungen wurden abgebrochen
der Waffenstillstand wurde wiederum nicht eingehalten

ein Flugzeugabsturz
drei Raubüberfälle
ein Obdachloser wurde von Rechtsradikalen
  angegriffen

ein Selbstmordversuch
zwei schwere Autounfälle
eine Frau wurde vergewaltigt

leider sagte der Sprecher die Wahrheit
als er die Nachrichten vorlas

aber er sagte nur
die halbe Wahrheit

heute morgen kam Stefanie zur Welt
die Narzisse in meinem Vorgarten entschloß sich
  zum Blühen
der Spatz in der Regenrinne
schaute übermütig zur Katze hinunter
die alte Frau von nebenan
hat heute morgen einen Brief bekommen
Torsten ist das erstemal vom Drei-Meter-Brett
  gesprungen

ein Autofahrer bremste, als er den Igel sah
ein Pferd galoppiert am Weidezaun entlang
die Kastanie hat schon ganz dicke Knospen
und es hat
sanft geregnet

Und ein Samenkorn wird in die Erde gepflanzt
und es weiß
es wird eine Sonnenblume sein

bei allen Schrecken –

Wunder
werden täglich neu

Daß wir allem entwachsen,
was nicht Gott ist,
dazu helfe uns Gott.
Amen.

Meister Eckhart

Anmerkungen

Die Zitate von Meister Eckhart sind dem Buch entnommen: »Meister Eckhart – Wo Gott keinen Namen hat«, Spirituelle Texte, ausgewählt, übertragen und eingeleitet von Hasso Schelp, erschienen 1993 im Kösel Verlag.

Der Text »Kirche ist mehr ...« (S. 11) wurde zuerst in dem Buch veröffentlicht: »Trotz allem. Frauen sagen ja zur Kirche«, herausgegeben von Margit Rotter und Rita Schüle, erschienen 1994 im Echter Verlag. Für dieses Buch wurde der Artikel überarbeitet und gekürzt.

Die Beiträge »Suchend sein« (S. 38), »Blinder Gehorsam ist nicht gefragt« (S. 45), »Das Evangelium leben« (S. 55), »Ins Gerede gekommen« (S. 63) und »Wir brauchen den langen Atem« (S. 105) wurden im Südwestfunk gesendet und für dieses Buch geringfügig überarbeitet.

»Botschaft für Mitgänger« (S. 67) entstand im Rahmen der »Route Spirituelle 1993« der Deutschen Pfadfinderschaft St. Georg und wurde in dem Werkheft »Zeltdach und Horizont-Anstöße zur geistlichen Leitung in der Jugendarbeit« von Paul Huster, erschienen im St. Georgs Verlag, veröffentlicht.

Die Texte zu Fronleichnam (S. 71/72) entstanden nach einer Predigt von Pfarrer Michael Baunacke zu Fronleichnam 1993.

Andrea Schwarz im Verlag Herder

Wenn ich meinem Dunkel traue
Auf der Suche nach Weihnachten
3. Auflage, 112 Seiten, gebunden
ISBN 3-451-23200-6

Der Tag, an dem der Osterhase dem Nikolaus half
Und andere Erzählungen zur Weihnachtszeit
3. Auflage, 64 Seiten, gebunden
ISBN 3-451-22853-x

Bunter Faden Zärtlichkeit
8. Auflage, 96 Seiten, gebunden
ISBN 3-451-20737-0

Zumutungen
Gewagtes Leben
2. Auflage, 64 Seiten, gebunden
ISBN 3-451-21210-2

Singt das Lied der Erlösung
Mit Gott das Leben feiern
3. Auflage, 160 Seiten, gebunden
ISBN 3-451-21863-1

Verlag Herder Freiburg – Basel – Wien

Andrea Schwarz im Verlag Herder

Ich bin Lust am Leben
Mit Spannungen leben – Widersprüche aushalten
4. Auflage, 144 Seiten, gebunden
ISBN 3-451-22640-5

Ich mag Gänseblümchen
Unaufdringliche Gedanken
13. Auflage, 96 Seiten, Paperback
ISBN 3-451-20531-9

Der kleine Drache »Hab-mich-lieb«
Ein Märchen für große Leute
10. Auflage, 72 Seiten, gebunden
ISBN 3-451-20973-X

Kater sind eben so
Neues vom kleinen Drachen »Hab-mich-lieb«
2. Auflage, 96 Seiten, gebunden
ISBN 3-451-22193-4

Verlag Herder   Freiburg – Basel – Wien